100 SUPER RECETTES

PASTA

Recettes et photographies
de Marie-Laure Tombini

MANGO
éditions

SOMMAIRE

LES SAUCES

LES PÂTES LONGUES

LES PETITES PÂTES

LES PÂTES FOURRÉES

LES LASAGNES ET GRATINS

CALENDRIER DES FRUITS ET LÉGUMES

JANVIER

Ail
Betterave
Carotte de garde
Céleri-rave
Chicorée
Chou blanc
Chou de Bruxelles
Chou rouge
Courge
Cresson
Crosne
Endive
Épinard
Frisée
Mâche
Navet
Oignon de garde
Panais
Poireau
Pomme de terre
Roquette
Salsifis
Topinambour
Citron
Clémentine
Kiwi
Mandarine
Orange
Pamplemousse
Poire
Pomme

FÉVRIER

Ail
Betterave
Carotte de garde
Céleri-rave
Chicorée
Chou blanc
Chou de Bruxelles
Chou rouge
Courge
Cresson
Crosne
Endive
Épinard
Frisée
Mâche
Navet
Oignon de garde
Panais
Poireau
Pomme de terre
Roquette
Salsifis
Topinambour
Citron
Clémentine
Kiwi
Mandarine
Orange
Pamplemousse
Poire
Pomme

MARS

Ail
Asperge blanche
Asperge verte
Betterave
Blette
Carotte de garde
Céleri-branche
Céleri-rave
Chou blanc
Chou de Bruxelles
Chou frisé
Chou rouge
Cresson
Endive
Épinard
Frisée
Navet
Oignon de garde
Panais
Poireau
Pomme de terre

Radis
Roquette
Salsifis
Topinambour
Citron
Kiwi
Mandarine
Poire
Pomme

AVRIL

Ail
Artichaut
Asperge
Betterave
Blette
Carotte primeur
Chou-fleur
Cive
Concombre
Endive
Épinards
Frisée
Laitue
Navet
Oignon primeur
Petit pois
Poireau
Pomme de terre
Radis
Roquette
Citron
Pamplemousse
Pomme

MAI

Ail
Artichaut
Asperge blanche
Asperge verte
Betterave rouge
Blette
Carotte primeur
Céleri
Chou-fleur
Cive
Concombre
Épinard
Laitue
Navet
Oignon primeur
Petit pois
Poireau primeur
Pomme de terre
Radis
Roquette
Cerise
Fraise
Pamplemousse
Rhubarbe

JUIN

Ail
Artichaut
Asperge blanche
Asperge verte
Aubergine
Betterave rouge
Blette
Brocoli
Carotte primeur
Céleri
Cive
Concombre
Courgette
Épinard
Fenouil
Haricot mange-tout
Haricot vert
Laitue
Navet
Oignon primeur
Petit pois
Poireau primeur
Poivron
Pomme de terre
Radis
Tomate
Abricot
Cassis
Cerise
Citron
Fraise
Framboise
Groseille

Melon
Pamplemousse
Pastèque
Pêche
Pomme
Prune
Rhubarbe

JUILLET

Ail
Artichaut
Asperge
Aubergine
Betterave
Brocoli
Carotte
Céleri
Cive
Concombre
Courgette
Épinard
Fenouil
Haricot
Laitue
Maïs
Oignon primeur
Petit pois
Poireau primeur
Poivron
Pomme de terre
Radis
Tomate
Abricot
Cassis
Cerise
Figue
Fraise
Framboise
Groseille
Melon
Myrtille
Nectarine
Pastèque
Pêche
Poire
Prune
Rhubarbe

AOÛT

Ail
Artichaut
Aubergine
Betterave
Blette
Brocoli
Carotte de saison
Céleri
Cive
Concombre
Courgette
Épinard
Fenouil
Haricot
Laitue
Maïs
Oignon primeur
Poireau primeur
Poivron
Pomme de terre
Radis
Tomate
Abricot
Cassis
Figue
Fraise
Framboise
Groseille
Melon
Mirabelle
Mûre
Myrtille
Nectarine
Noisette
Pastèque
Pêche
Poire
Pomme
Prune
Raisin

SEPTEMBRE

Ail
Artichaut
Aubergine
Betterave
Blette
Brocoli
Carotte de saison
Céleri
Cive
Chou blanc
Chou de Bruxelles
Chou-fleur
Concombre
Courgette
Cresson
Épinard
Fenouil
Haricot
Laitue
Maïs
Oignon de garde
Panais
Poireau
Poivron
Potiron
Pomme de terre
Radis
Tomate

Coing
Figue
Melon
Mirabelle
Mûre
Myrtille
Noisette
Noix
Pastèque
Pêche
Poire
Pomme
Prune
Raisin

OCTOBRE

Ail
Betterave
Brocoli
Carotte de garde
Céleri
Chicorée
Chou blanc
Chou de Bruxelles
Chou-fleur
Concombre
Courge
Cresson
Endive
Épinard
Fenouil
Frisée
Laitue
Mâche
Maïs
Navet
Oignon
Poireau
Pomme de terre
Potiron
Roquette
Châtaigne
Citron
Coing
Figue
Framboise
Myrtille
Noisette
Noix
Poire
Pomme
Raisin

NOVEMBRE

Ail
Betterave
Carotte de garde
Céleri
Chicorée
Chou blanc
Chou de Bruxelles
Chou-fleur
Citrouille
Courge
Cresson
Crosne
Endive
Épinard
Fenouil
Frisée
Laitue
Mâche
Navet
Oignon de garde
Panais
Poireau
Pomme de terre
Potiron
Radis
Roquette
Salsifis
Topinambour
Châtaigne
Citron
Clémentine
Coing
Kiwi
Mandarine
Orange
Poire
Pomme

DÉCEMBRE

Ail
Betterave
Carotte de garde
Céleri
Chicorée
Chou de Bruxelles
Courge
Cresson
Endive
Épinard
Mâche
Navet
Oignon de garde
Poireau
Pomme de terre
Potiron
Roquette
Salsifis
Topinambour
Châtaigne
Citron
Clémentine
Kiwi
Mandarine
Orange
Poire
Pomme

CONSEILS ZÉRO DÉCHET

LE ZÉRO DÉCHET

• Si possible, privilégiez l'achat de produits en vrac en magasin spécialisé ou en grande surface. Cela permet d'éviter le surplus d'emballage et d'acheter la quantité nécessaire afin de ne pas gaspiller.

• Lors des courses, pensez à rapporter vos propres contenants, boîtes et sacs à vrac afin d'éviter au plus les emballages en plastique. Si vous ne pouvez pas acheter en vrac, privilégiez les emballages en carton ou bien ceux en verre, recyclables à l'infini ! Attention, certains emballages en carton cachent parfois du plastique, pensez à vérifier.

• Pour lutter contre le gaspillage alimentaire, vous pouvez établir votre planning des repas de la semaine avant de faire votre liste des courses. Cela évitera d'acheter des produits qui ne pourront pas être consommés à temps.

• Les produits avec la mention « date limite d'utilisation optimale » (DLUO) ou bien « à consommer de préférence avant le ... » peuvent être mangés bien après la date indiquée sans risque pour le consommateur. Il faut les différencier des produits avec une « date limite de consommation » (DLC) qui, elle, doit être respectée. Cependant, certains produits à DLC, tels que les yaourts par exemple, peuvent aussi être consommés quelques jours après leur date de péremption.

• Vous pouvez utiliser les fanes et les épluchures dans de nouvelles recettes anti-gaspi (chips, bouillon, bisque, sauce, etc.) ou pour alimenter votre compost de cuisine. Les parts non comestibles de certains aliments peuvent aussi être utiles à la fabrication de produits ménagers ou encore de cosmétiques faits maison !

• Si vous emportez vos plats en vue d'un pique-nique ou d'un dîner à l'extérieur, pensez à remplacer la vaisselle jetable par une réutilisable (assiettes, serviettes en tissus et gobelets ecocup).

• Faire ses conserves et bocaux est un autre bon moyen de ne plus jeter. Il existe de nombreux tutoriels expliquant comment les réaliser soi-même. Ils permettent de conserver un surplus d'ingrédients pendant plus d'un an.

ET ÉCORESPONSABLES

LES INGRÉDIENTS

• Lors de vos courses, privilégiez au mieux les producteurs locaux ou français. Cela permet d'éviter la pollution liée au transport des marchandises et de soutenir l'agriculture française. Les circuits courts se développent de plus en plus et il est aujourd'hui possible d'acheter directement aux producteurs, à la ferme ou via des AMAP (http://www.reseau-amap.org/).

• Si vous le pouvez, préférez les produits bio. Sinon, privilégiez au mieux le bio sur les fruits et légumes dont vous consommez la peau tels que les tomates, les fraises ou encore les pommes.

• Il existe différents labels biologiques : Label Agriculture Biologique, Label Biologique Européen, Demeter ou encore Bio Cohérence. Chaque label possède ses spécificités et ses avantages. Vous pouvez vous renseigner sur internet afin d'apprendre à les reconnaître.

• Limitez au possible votre consommation d'ingrédients exotiques. Si vous achetez un aliment ou une épice qui vient de loin, réfléchissez à comment vous pourriez l'intégrer dans vos recettes au quotidien afin de ne pas gaspiller un produit précieux en l'oubliant au fond du placard.

• Consommez des fruits et légumes de saison. Il existe également une saisonnalité pour la viande et le poisson. N'hésitez pas à vous renseigner sur internet ou auprès de votre boucher et de votre poissonnier. Pour le poisson, il est aussi préférable d'éviter les espèces les plus menacées par la pêche intensive.

• Pour les œufs, il existe différentes catégories : vous pouvez repérer les codes allant de 0 à 3 sur les boîtes d'œufs. Le code 0 indique que les œufs sont issus d'un élevage de poule en plein air en mode biologique. Il s'agit du mode d'élevage à privilégier au mieux car c'est le plus respectueux pour les animaux et le seul pour lequel l'alimentation des poules est contrôlée. Au contraire, le code 3 est à éviter au maximum puisqu'il indique un élevage intensif et en batteries dans de très mauvaises conditions.

LE MATÉRIEL DE BASE

• Pour vos ustensiles de cuisine, il est préférable de choisir des revêtements en fonte naturelle, plus résistants et non toxiques. Il est également conseillé de privilégier les ustensiles en acier inoxydable et durable. Dans ce cas, n'oubliez pas de culotter vos poêles pour qu'elles n'attachent pas. De plus, évitez au maximum les matières qui peuvent s'avérer toxiques pour l'organisme telles que l'aluminium, le téflon ou encore le cuivre. Privilégiez la qualité de votre matériel de cuisine à la quantité.

• Pour nettoyer votre matériel, misez sur les produits ménagers naturels faits maison ! En plus d'être simples à réaliser, ces produits d'entretien sont économiques et très souvent multi-usages.

• Vous pouvez aussi pratiquer l'upcycling en réutilisant les vêtements que vous ne portez plus pour réaliser de nouvelles créations en tissus, qui vous seront utiles pour l'entretien de vos ustensiles de cuisine. Vous pourrez ainsi faire vos propres essuie-tout ou encore des éponges tawashi. En plus d'être totalement personnalisables en fonction de vos goûts et des tissus que vous avez sous la main, ce sont des produits lavables et réutilisables.

L'ÉNERGIE

• Pour faire des économies d'énergie, évitez de préchauffer votre four trop en avance. Lorsque vous utilisez votre four, vous pouvez en profiter pour faire cuire plusieurs recettes en simultanée ou encore pour faire décongeler ou réchauffer un autre plat.

• Vous pouvez économiser de l'eau en réutilisant l'eau de rinçage ou en faisant la vaisselle avec un bac pré-rempli. Vous pouvez également investir dans un aérateur d'eau pour faire des économies !

ASTUCES POUR DES PÂTES ANTI-GASPI !

NE JETEZ PLUS L'EAU DE CUISSON DE VOS PÂTES !

Une fois vos pâtes cuites et égouttées, il est possible de garder l'eau de cuisson et de la réutiliser de différentes façons… même les plus inattendues ! En cuisine, cette eau vous permettra par exemple d'épaissir une sauce trop liquide grâce à l'amidon contenue dans l'eau de cuisson. Elle est également d'une grande aide dans la préparation de pâte à pain ou à pizza. Déjà salée, cette eau permettra de remplacer le liquide et la pincée de sel nécessaire à la confection des pâtes à lever. Mais l'eau des pâtes peut aussi être utilisée dans le jardin ! Riche en minéraux, elle fera un excellent engrais écologique et économique pour arroser vos plantes. Attention tout de même, il ne faut pas avoir salé votre eau au préalable. Dans le cas contraire vous pourrez alors l'utiliser comme un désherbant naturel, le sel tuant les mauvaises herbes ! Enfin, côté maison, l'eau des pâtes possède un pouvoir détachant et peut servir de produit d'entretien, pour faire votre vaisselle notamment. Une bonne alternative pour éviter les produits chimiques et abrasifs au quotidien !

BIEN DOSER POUR NE PAS GASPILLER !

Pas assez ou beaucoup trop, il est parfois difficile de viser juste quand il s'agit de doser les quantités de pâtes à cuire. Il existe une astuce pour doser ses spaghettis sans utiliser d'instrument de mesure, simplement avec vos mains ! Il suffit de joindre son pouce et son index pour former un cercle. Le diamètre de ce cercle correspond alors à la quantité de spaghettis pour deux personnes. Si vous êtes seul, faites de même mais en visant cette fois l'articulation de votre pouce avec votre index. Il existe de nombreuses astuces sur internet pour apprendre à doser les pâtes en fonction de leur forme et du nombre de personnes, on peut utiliser un verre ou des pots de yaourt par exemple. Si malgré tout il vous reste des pâtes, conservez-les 3 jours au frais dans une boîte hermétique avec un filet d'huile d'olive ou d'eau de cuisson pour éviter qu'elles ne collent. Vous pourrez les réutiliser en gratin ou froides dans une salade !

LES SAUCES

SAUCE TOMATE

Pour 6 personnes
Préparation : 20 min
Cuisson : 25 min

900 g de tomates fraîches
1 oignon
2 gousses d'ail
5 feuilles de basilic
Sel et poivre

1. Plongez les tomates dans une grande casserole d'eau bouillante pendant 30 secondes. Déposez-les 1 minute dans un grand récipient d'eau froide. Égouttez-les.

2. Pelez les tomates, coupez-les en morceaux et mettez-les dans une casserole. Ajoutez l'oignon pelé et émincé et les gousses d'ail dégermées et écrasées. Salez et poivrez. Faites cuire à feu moyen pendant 20 minutes sous couvert.

3. Mixez longuement la préparation avec les feuilles de basilic lavées : la sauce doit être bien lisse.

4. Réchauffez la sauce tomate quelques instants avant de la verser sur les pâtes de votre choix.

SAUCE
PESTO

Pour 4 personnes • Préparation : 15 min

1 beau bouquet de basilic • 1 gousse d'ail • 30 g de pignons de pin • 3 cuillerées à soupe de parmesan fraîchement râpé • 1 tranche de pain de mie • 5 cuillerées à soupe d'huile d'olive

1. Lavez le basilic. Pelez la gousse d'ail. Humidifiez la tranche de pain et essorez-la.

2. Dans le bol d'un mixeur, déposez le basilic, l'ail, les pignons et le pain en morceaux. Mixez finement.

3. Ajoutez le parmesan et l'huile d'olive. Mixez de nouveau jusqu'à obtenir une pâte lisse. Servez sur des pâtes cuites *al dente*.

ASTUCE

La sauce peut se garder au réfrigérateur 1 à 2 semaines ; ajoutez un filet d'huile à la surface pour bien la conserver.

SAUCE
BÉCHAMEL

Pour 4 à 6 personnes • Préparation : 5 min • Cuisson : 20 min

50 g de farine • ½ litre de lait • 50 g de beurre • Sel et poivre

1. Faites fondre le beurre dans une petite casserole.

2. Ajoutez la farine et mélangez avec un fouet pour former un roux blanc.

3. Délayez avec le lait petit à petit. Salez et poivrez.

4. Laissez cuire une dizaine de minutes à ébullition jusqu'à ce que la préparation épaississe.

SAUCE MORNAY

Pour 4 à 6 personnes
Préparation : 5 min
Cuisson : 20 min

50 g de beurre
50 g de farine
½ litre de lait
50 g de fromage râpé
1 jaune d'œuf
Muscade
Sel et poivre

1. Faites fondre le beurre dans une petite casserole.

2. Ajoutez la farine et mélangez avec un fouet pour former un roux blanc.

3. Délayez avec le lait petit à petit. Salez et poivrez.

4. Laissez cuire une dizaine de minutes à ébullition jusqu'à ce que la préparation épaississe.

5. Hors du feu, incorporez le fromage, le jaune d'œuf et la muscade. Mélangez bien.

SAUCE TOMATE NAPOLITAINE

Pour 6 à 8 personnes
Préparation : 25 min
Cuisson : 35 min

1 kg de tomates mûres mais fermes
1 oignon
1 branche de céleri (facultatif)
1 gousse d'ail
1 pincée d'origan séché
2 branches de thym
5 feuilles de basilic
2 cuillerées à soupe d'huile d'olive
1 cuillerée à café de sucre en poudre
Poivre du moulin, sel

1. Plongez les tomates dans une grande casserole d'eau bouillante pendant 1 minute. Déposez-les 2 minutes dans un grand récipient d'eau froide. égouttez-les. Pelez les tomates et coupez-les en morceaux.

2. Pelez l'oignon et coupez-le en lamelles. Hachez le céleri finement.

3. Faites chauffer l'huile dans une sauteuse. Faites revenir l'oignon et le céleri à feu vif.

4. Lorsqu'ils sont translucides, ajoutez les tomates, la gousse d'ail écrasée, l'origan, le thym et le basilic. Laissez cuire 25 minutes sous couvert. Salez et poivrez. Ajoutez le sucre en poudre pour diminuer l'acidité.

5. Mixez longuement pour avoir une préparation bien lisse.

6. Servez avec des pâtes.

SAUCE PESTO
DE ROQUETTE AUX NOIX

Pour 2 personnes • Préparation : 5 min

50 g de roquette • 20 g de cerneaux de noix • 2 cuillerées à soupe de parmesan râpé • 3 cuillerées à soupe d'huile d'olive

1. Mixez la roquette avec les noix et l'huile d'olive.

2. Ajoutez ensuite le parmesan râpé.

3. Ajoutez de l'huile si nécessaire pour fluidifier la texture.

SAUCE PESTO
D'ÉPINARDS À LA CORIANDRE

Pour 4 personnes • Préparation : 10 min

100 g de pousses d'épinards • 1 dizaine de feuilles de basilic • ½ bouquet de coriandre fraîche • 40 g de pistaches pelées • 10 g de parmesan râpé • 3 cuillerées à soupe d'huile • Sel et poivre

1. Mixez ensemble les pousses d'épinards, le basilic, la coriandre et les pistaches.

2. Ajoutez ensuite l'huile et le parmesan.

3. Rectifiez l'assaisonnement si nécessaire.

SAUCE KETCHUP
MAISON

Préparation : 10 min • Cuisson : 30 min

700 g de tomates bien mûres • 1 oignon rouge (ou blanc) • 1 gousse d'ail • 2 cuillerées à café de concentré de tomates (facultatif) • 5 cl de vinaigre blanc • 1 cuillerée à soupe d'huile d'olive • 70 g de cassonade

1. Lavez les tomates et coupez-les en dés.

2. Pelez et émincez l'oignon en rondelles.

3. Pelez, dégermez et hachez la gousse d'ail.

4. Dans une sauteuse, faites chauffer l'huile d'olive. Faites-y revenir l'oignon et l'ail jusqu'à ce qu'ils soient tendres.

5. Ajoutez les tomates, le concentré de tomates, le vinaigre et le sucre. Couvrez et laissez cuire 20 à 25 minutes à feu moyen.

6. Laissez refroidir puis mixez finement les légumes pour obtenir une sauce ketchup maison bien lisse.

ASTUCE

Pour parfumer la sauce ketchup, vous pouvez ajouter quelques épices : du cumin, du 4 épices... Pour la corser, ajoutez un peu de piment, de moutarde ou de sauce Worcestershire.

SAUCE PESTO
DE TOMATES CONFITES ET D'AIRELLES

Pour 4 personnes • Préparation : 10 min

100 g de tomates confites • 40 g d'airelles fraîches •
10 g de pignons de pin • 2 cuillerées à soupe d'huile d'olive • Sel et poivre

1. Mixez ensemble les tomates égouttées, les airelles, les pignons et l'huile.

2. Rectifiez l'assaisonnement si nécessaire.

LES PÂTES LONGUES

SPAGHETTIS
AU PESTO DE CORIANDRE

Pour 2 personnes • Préparation : 5 min • Cuisson : 8 min

250 g de spaghettis • 150 g de crevettes décortiquées • 1 bouquet de coriandre • 30 g de pignons de pin • 1 cuillerée à café de gingembre frais râpé • 1 gousse d'ail • 1 tranche de pain de mie sans la croûte • 3 cuillerées à soupe d'huile d'olive • Sel et poivre

1. Préparez le pesto : mixez finement les feuilles de coriandre avec les pignons, le gingembre, la gousse d'ail pelée et dégermée, le pain de mie et l'huile d'olive. Salez, poivrez.

2. Faites cuire les spaghettis *al dente* dans une grande casserole d'eau bouillante salée.

3. Égouttez les spaghettis. Ajoutez les crevettes et le pesto.

4. Mélangez bien et servez chaud.

ASTUCE

Pour une recette plus traditionnelle, remplacez la coriandre par du basilic.

SPAGHETTIS
À LA BOLOGNAISE EXPRESS

Pour 4 personnes • Préparation : 5 min • Cuisson : 15 min

350 g de spaghettis • 350 g de bœuf haché • 1 oignon •
1 boîte de tomates pelées et concassées • Huile d'olive • Sel et poivre

1. Faites revenir l'oignon dans une poêle avec un filet d'huile d'olive.

2. Ajoutez la viande et séparez-la en petits morceaux avec une cuillère.

3. Ajoutez les tomates et laissez cuire 5 minutes à feu moyen. Salez et poivrez.

4. Faites cuire les spaghettis dans une grande casserole d'eau bouillante salée.

5. Égouttez les pâtes et servez-les avec la sauce bolognaise.

LINGUINES AUX GAMBAS
ET POIS GOURMANDS

Pour 4 personnes
Préparation : 15 min
Cuisson : 15 min

250 g de pâtes fraîches (linguines)
300 g de gambas crues
150 g de pois gourmands cuits
½ bouquet de ciboulette
5 cl de vin blanc ou de bouillon de légumes
Huile d'olive
Sel et poivre

1. Décortiquez les gambas en conservant la queue. Ciselez finement la ciboulette. Coupez les pois gourmands en trois.

2. Faites cuire les pâtes dans une grande casserole d'eau bouillante salée. Remuez et laissez cuire le temps indiqué sur le paquet.

3. Égouttez-les et versez un filet d'huile d'olive pour éviter qu'elles ne se collent entre elles.

4. Dans une sauteuse, faites revenir les gambas dans un filet d'huile. Dès qu'elles rosissent, déglacez avec le vin blanc.

5. Ajoutez les pois gourmands et faites cuire 1 minute de plus.

6. Mélangez les pâtes, les gambas, les pois gourmands et la ciboulette ensemble. Servez chaud.

TAGLIATELLES
AU SAUMON FRAIS ET CANCOILLOTTE

Pour 4 personnes
Préparation : 10 min
Cuisson : 15 min

350 g de tagliatelles
1 filet de saumon frais d'environ 350 g
200 g de cancoillotte
1 petit oignon rouge
5 cl de crème fraîche
1 filet d'huile d'olive
Sel et poivre

1. Retirez la peau et les arêtes du filet de saumon. Coupez-le en dés.

2. Pelez et émincez finement l'oignon rouge. Faites-le revenir 5 minutes dans une sauteuse, à feu moyen, avec un filet d'huile d'olive.

3. Plongez les tagliatelles dans une grande casserole d'eau bouillante salée. Faites-les cuire *al dente*, suivant les indications du paquet.

4. Ajoutez les dés de saumon dans la sauteuse. Lorsqu'ils commencent à rosir, ajoutez la cancoillotte et la crème. Mélangez délicatement, pour ne pas casser les dés de poisson.

5. Égouttez les pâtes. Disposez-les dans 4 assiettes individuelles et nappez-les de la sauce au saumon. Décorez éventuellement de graines germées. Servez immédiatement.

VARIANTE

Remplacez le saumon frais par du saumon fumé. Faites chauffer la cancoillotte et la crème avec l'oignon, versez-les sur les pâtes et parsemez de dés de saumon fumé.

MAFALDINES
AU POULET ET AU CHUTNEY

Pour 2 personnes • Préparation : 15 min • Cuisson : 20 min

150 g de mafaldines (ou tagliatelles) • 15 cl de bouillon de volaille • 2 escalopes de poulet • 100 g de chutney de prunes • 3 cuillerées à soupe de crème fraîche • ½ cuillerée à café de curry • Sel et poivre

1. Portez le bouillon de volaille à ébullition. Faites cuire les blancs de poulet dans le bouillon pendant 15 minutes.

2. Faites cuire les pâtes *al dente* dans une grande casserole d'eau bouillante salée.

3. Dans un bol, mélangez le chutney avec la crème et le curry.

4. Égouttez les blancs de poulet et coupez-les en cubes. Incorporez-les aux pâtes égouttées. Versez la sauce, assaisonnez et mélangez. Servez chaud.

ASTUCE
Vous pouvez aussi utiliser du chutney de mangues.

TAGLIATELLES
AUX CREVETTES ET AU PAPRIKA

Pour 2 personnes • Préparation : 40 min • Cuisson : 10 min

100 g de crevettes décortiquées • 2 œufs • 180 g de farine + 20 g • 10 cl de crème liquide • ½ cuillerée à café de fumet de poisson (facultatif) • 1 cuillerée à café de nuoc-mâm • ½ cuillerée à café de paprika • Sel et poivre

1. Mélangez les œufs avec la farine et une pincée de sel et de paprika : vous devez obtenir une boule de pâte homogène. Ajoutez un peu de farine ou d'eau si nécessaire.

2. Étalez la pâte à la main ou utilisez une machine à pâtes. Farinez-la bien et découpez-la en tagliatelles.

3. Plongez les tagliatelles dans une grande casserole d'eau bouillante salée et laissez-cuire 3 à 4 minutes.

4. Chauffez la crème avec le nuoc-mâm et éventuellement le fumet de poisson. Ajoutez les crevettes, laissez chauffer et versez la sauce sur les pâtes égouttées.

SPAGHETTIS
SAUCE TOMATE ET BASILIC

Pour 4 personnes
Préparation : 25 min
Cuisson : 30 min

300 g de spaghettis
600 g de tomates fraîches
1 oignon
1 gousse d'ail
½ bouquet de basilic frais
Huile d'olive
Sel et poivre

1. Lavez et égouttez le basilic. Réservez les plus belles feuilles pour décorer les assiettes.

2. Mondez les tomates : ôtez-en le pédoncule et incisez la peau. Plongez-les 10 secondes dans de l'eau bouillante puis aussitôt dans de l'eau très froide, débarrassez-les ensuite de leur peau facilement. Coupez la chair des tomates en dés, pelez et hachez l'oignon, épluchez l'ail et fendez-le en deux pour ôter le germe.

3. Dans une casserole, faites chauffer un fond d'huile. Saisissez les oignons, faites dorer quelques instants puis ajoutez la chair des tomates et l'ail. Laissez cuire la sauce tomate durant 20 minutes à couvert, à feu moyen.

4. Mixez la sauce tomate avec le basilic lavé. Vérifiez l'assaisonnement et tenez la sauce au chaud, au bain-marie ou à feu très doux.

5. Faites cuire les spaghettis selon les instructions données par le fabricant.

6. Égouttez-les et, dans un saladier chaud, mélangez les spaghettis et la sauce tomate au basilic. Décorez de feuilles de basilic fraîches et servez aussitôt.

TAGLIATELLES
ALLA CARBONARA

Pour 2 personnes
Préparation : 15 min
Cuisson : 10 min

200 g de tagliatelles
150 g de lardons fumés
30 g de parmesan râpé
2 jaunes d'œufs extra frais
1 gousse d'ail
Un peu de persil
5 cl de crème fraîche entière
Sel et poivre

1. Faites bouillir un grand volume d'eau salée pour faire cuire les pâtes en suivant les indications portées sur le paquet.

2. Pelez la gousse d'ail, fendez-la en deux et ôtez le germe.

3. Écrasez l'ail au presse-ail ou avec le plat de la lame d'un couteau.

4. Faites chauffer une petite sauteuse et faites revenir les lardons sans ajouter de matière grasse. Ajoutez l'ail et laissez cuire à feu moyen durant 5 minutes environ.

5. Déglacez en ajoutant la crème, remuez bien.

6. Égouttez les tagliatelles cuites et mélangez aussitôt avec la sauce carbonara, incorporez au dernier moment les jaunes d'œufs et le persil.

7. Mélangez bien, saupoudrez de parmesan et servez les tagliatelles carbonara sans attendre.

ONE POT PASTA
À L'ASIATIQUE

Pour 2 à 3 personnes
Préparation : 15 min
Cuisson : 12 min

125 g de vermicelles de riz
100 g de crevettes crues décortiquées
200 g de chair d'ananas
1 oignon
1 morceau de gingembre frais de 1 cm
2 carottes (150 g)
5 champignons noirs séchés
1 cuillerée à soupe d'huile d'olive
2 cuillerées à soupe de sauce soja

1. Faites tremper les champignons dans de l'eau.

2. Pelez et émincez finement l'oignon.
Pelez et râpez le gingembre.

3. Pelez et coupez les carottes en bâtonnets.
Coupez l'ananas en dés.

4. Faites chauffer l'huile dans une grande sauteuse.
Faites-y revenir les légumes et l'ananas avec la sauce soja.

5. Ajoutez les crevettes, les pâtes et 40 cl d'eau. Remuez pour bien imbiber les pâtes dans l'eau. Laissez cuire 5 à 8 minutes à couvert, en remuant de temps en temps.

6. Servez avec de la coriandre.

ONE POT PASTA
AU CHORIZO ET AUX POIVRONS

Pour 2 personnes
Préparation : 10 min
Cuisson : 12 min

200 g de spaghettis
50 g de chorizo
1 poivron rouge
150 g de tomates cerises
5 feuilles de basilic frais
50 cl d'eau
1 cuillerée à soupe d'huile d'olive
½ cuillerée à café de bouillon de légumes (ou ½ cube de bouillon)

1. Pelez le chorizo et coupez-le en rondelles.

2. Lavez le poivron, coupez-le en deux pour retirer les graines et coupez la chair en fines lanières.

3. Lavez et coupez les tomates cerises en deux.

4. Dans une grande casserole, mettez les spaghettis et le reste des ingrédients.

5. Laissez cuire à couvert 8 à 10 minutes, à feu moyen en remuant de temps en temps.

6. Vérifiez la cuisson. Si les pâtes sont trop dures, ajoutez un petit verre d'eau et poursuivez la cuisson.

7. Servez sans attendre avec du basilic frais ciselé.

ASTUCE
L'eau des pâtes doit avoir été absorbée par les pâtes à la fin de la cuisson, comme pour la cuisson d'un riz pilaf ou d'un risotto.

PÂTES AU THON,
SAUCE TAMTAM

Pour 2 personnes • Préparation : 5 min • Cuisson : 10 min

200 g de pâtes • 130 g de thon en boîte • 150 g de coulis de tomate • 50 g de crème fraîche liquide • Poivre

1. Ouvrez la boîte de thon, videz le jus et émiettez-le à l'aide d'une fourchette.

2. Mettez le thon dans une petite casserole, versez le coulis de tomate et la crème fraîche. Saupoudrez généreusement de poivre moulu.

3. Faites cuire les pâtes dans une grande casserole d'eau bouillante salée en fonction du temps indiqué sur le paquet.

4. Égouttez les pâtes. Servez, versez la sauce dessus et dégustez.

TAGLIATELLES
AU BASILIC ET À L'ORANGE

Pour 2 personnes • Préparation : 10 min • Cuisson : 8 min

200 g de tagliatelles • 1 orange • 8 feuilles de basilic •
2 cuillerées à soupe de parmesan • 2 à 3 cuillerées à soupe de mascarpone

1. Plongez les pâtes dans une grande casserole d'eau bouillante salée.

2. Pendant ce temps, préparez la sauce : prélevez le zeste de l'orange et ciselez le basilic.

3. Dans un bol, mélangez le mascarpone, le parmesan, le zeste et le basilic.

4. Une minute avant la fin de la cuisson des pâtes, prélevez environ 3 cuillerées à soupe de l'eau de cuisson pour allonger la sauce.

5. Égouttez les pâtes, mélangez-les à la sauce et servez immédiatement.

TAGLIATELLES
AUX POINTES D'ASPERGES

Pour 2 personnes
Préparation : 20 min
Cuisson : 20 min

200 g de tagliatelles aux œufs frais
150 g d'asperges vertes
1 cuillerée à soupe de pignons de pin
½ bouquet de coriandre
2 cuillerées à soupe d'huile d'olive
Sel et poivre

1. Pelez les asperges avec un économe sur toute la partie dure et fibreuse de la tige.

2. Faites bouillir un grand volume d'eau salée. Plongez-y les asperges et laissez cuire à petit bouillon, sans couvercle durant 10 à 15 minutes.

3. La base de la tige doit être tendre mais la tête de l'asperge ne doit pas être trop molle.

4. Égouttez les asperges très délicatement et rafraîchissez-les à l'eau glacée.

5. Coupez les têtes d'asperges et réservez-les à part.

6. Lavez la coriandre et égouttez-la. Coupez les tiges des asperges en morceaux et mixez-les avec les pignons, la coriandre et l'huile d'olive.

7. Assaisonnez à votre goût.

8. Faites cuire les tagliatelles en suivant les indications du paquet.

9. Égouttez les tagliatelles, mélangez aussitôt avec le pesto d'asperges à la coriandre et répartissez les pointes d'asperges dans chaque assiette.

SPAGHETTIS
AUX BOULETTES DE BŒUF

Pour 2 personnes
Préparation : 15 min
Cuisson : 5 min

200 g de spaghettis
250 g de bœuf haché
40 g de pistaches
10 tiges de ciboulette
1 cuillerée à soupe de moutarde
1 cuillerée à soupe de paprika
6 cuillerées à soupe de sauce tomate
2 cuillerées à soupe d'huile
Sel et poivre

1. Décortiquez et hachez grossièrement les pistaches. Dans un grand saladier, mélangez la viande avec la moutarde, le paprika, les pistaches et la ciboulette hachée. Salez et poivrez. Façonnez des boulettes en les roulant avec la paume des mains.

2. Faites cuire les spaghettis *al dente* dans une grande casserole d'eau bouillante salée.

3. Dans une poêle, faites dorer les boulettes de viande avec l'huile. Ajoutez la sauce tomate et laissez mijoter 2 à 3 minutes.

4. Égouttez les spaghettis et mélangez-les à la sauce. Servez chaud.

ASTUCE
Ajoutez des pignons de pin à la préparation des boulettes.

TAGLIATELLES
AUX BETTERAVES

Pour 2 ou 3 personnes
Préparation : 45 min
Cuisson : 5 min

2 œufs
200 g de farine + 20 g
75 g de betteraves cuites
40 g de ricotta
1 cuillerée à soupe de graines de pavot
Sel et poivre

1. Pelez les betteraves et mixez-les jusqu'à l'obtention d'une purée homogène. Divisez celle-ci en deux parties. Mélangez les œufs avec la farine et la moitié de la purée de betterave. Formez une boule de pâte. Ajoutez un peu de farine ou d'eau si nécessaire.

2. Étalez la pâte à la main ou utilisez une machine à pâtes. Farinez-la bien et découpez-la en tagliatelles.

3. Plongez les tagliatelles dans une grande casserole d'eau bouillante salée et laissez-les cuire 3 à 4 minutes. Égouttez-les.

4. Mélangez la ricotta au reste de purée de betterave. Salez et poivrez. Incorporez la sauce aux pâtes. Servez-les chaudes, parsemées de graines de pavot.

SPAGHETTIS,
SAUCE PETITS POIS ET ÉPINARDS

Pour 4 personnes • Préparation : 10 min • Cuisson : 15 min

400 g de spaghettis à la farine complète • 300 g de petits pois • 100 g de pousses d'épinards • 2 cuillerées à soupe d'huile d'olive • Sel et poivre

1. Faites cuire les petits pois 10 minutes dans une grande casserole d'eau bouillante salée.

2. Faites cuire les spaghettis en suivant les indications sur l'emballage.

3. Égouttez les petits pois et mixez-les finement avec les épinards, 5 cl d'eau et l'huile d'olive. Salez et poivrez.

4. Égouttez les spaghettis et servez-les avec la sauce.

LINGUINES
AU RAGOÛT D'AGNEAU

Pour 4 personnes • Préparation : 5 min • Cuisson : 15 min

500 g de linguines • 350 g de viande d'agneau hachée • 1 oignon • 200 g de coulis de tomate • 10 cl de crème fraîche liquide • 1 feuille de laurier • 1 cuillerée à café de cumin • 1 cuillerée à café d'herbe de Provence • Sel

1. Émincez l'oignon et faites-le revenir dans une sauteuse avec un filet d'huile.

2. Ajoutez le reste des ingrédients sauf la crème. Laissez mijoter 10 minutes.

3. Ajoutez la crème en fin de cuisson.

4. Faites cuire les pâtes dans une grande casserole d'eau bouillante salée le temps indiqué sur le paquet.

5. Égouttez les pâtes et mélangez à la viande, servez aussitôt.

ONE POT PASTA
AUX TOMATES, LARDONS ET BASILIC

Pour 2 personnes
Préparation : 2 min
Cuisson : 10 min

250 g de spaghettis
1 barquette de tomates cerises (250 g)
100 g de lardons
55 cl d'eau
½ cube de bouillon de légumes
5 feuilles de basilic (+ du basilic pour le service)

1. Coupez les tomates cerises en deux.

2. Dans une grande casserole, mettez tous les ingrédients. Ce n'est pas grave si les spaghettis dépassent de la casserole, elles vont vite ramollir et plonger dans l'eau. Faites chauffer et surveillez la cuisson pour aider les spaghettis à bien tomber dans la casserole.

3. Laissez cuire à couvert 8 à 10 minutes, à feu moyen en remuant de temps en temps.

4. Vérifiez la cuisson. Si les pâtes sont encore trop dures, ajoutez un petit verre d'eau et poursuivez la cuisson.

5. Servez sans attendre avec du basilic frais ciselé.

ASTUCE

L'eau des pâtes doit avoir été absorbée par les pâtes à la fin de la cuisson, comme pour la cuisson d'un riz pilaf ou d'un risotto.

TAGLIATELLES
AUX ÉPINARDS

Pour 2 à 3 personnes
Préparation : 40 min
Cuisson : 8 min
Repos : 15 min

150 g de farine
1 œuf
60 g environ d'épinards frais
2 cuillerées à soupe d'eau

1. Lavez soigneusement les épinards pour ôter le sable. Faites chauffer une petite sauteuse et placez-y les épinards, couvrez, baissez le feu et laissez étuver 5 minutes.

2. Mixez le plus finement possible les épinards et l'œuf entier. S'il reste des fibres non mixées, passez cette préparation au tamis.

3. Versez-la sur la farine et pétrissez cette pâte pour la rendre homogène. Elle doit former une boule ferme et non collante. Laissez reposer 15 minutes à température ambiante.

4. À l'aide de votre machine à pâtes, préparez vos tagliatelles sans oublier de fariner généreusement vos tagliatelles et d'aérer à la main, en les soulevant plusieurs fois pour répartir la farine. Coupez ensuite en lanières pour faire les tagliatelles.

5. Pour les cuire, plongez-les 3 minutes dans un grand volume d'eau bouillante salée auquel vous aurez ajouté une cuillerée d'huile d'olive.

6. Au moment de servir, mêlez de jeunes pousses d'épinards et des pignons de pin à vos pâtes fraîches.

TAGLIATELLES
AU CAMEMBERT ET AUX NOIX

Pour 4 personnes
Préparation : 5 min
Cuisson : 15 min

300 g de tagliatelles fraîches
1 camembert
30 g de noix
20 g de beurre
20 cl de lait
2 cuillerées à soupe de farine

1. Coupez la moitié du camembert en petites tranches et réservez-les au frais. Coupez l'autre moitié en dés.

2. Faites fondre le beurre dans une casserole. Ajoutez la farine et mélangez avec un fouet pour former un roux blanc.

3. Incorporez le lait progressivement en fouettant pour homogénéiser, puis ajoutez le camembert en dés à cette sauce Béchamel. Laissez fondre quelques instants.

4. Faites cuire les tagliatelles 3 minutes dans un grand volume d'eau bouillante salée. Égouttez-les.

5. Arrosez-les sans attendre de sauce au camembert.

6. Servez les assiettes garnies de petites tranches de camembert réservées et parsemées de cerneaux de noix.

TAGLIATELLES
À LA TOMATE ET AUX LÉGUMES

Pour 4 personnes
Préparation : 40 min
Cuisson : 15 min

220 à 240 g de farine de blé
1 œuf de calibre moyen
60 g de concentré de tomates
2 courgettes coupées en fins bâtonnets
1 poivron vert coupé en dés
2 tomates coupées en dés
1 oignon
Huile d'olive

1. Préparez les pâtes : battez l'œuf avec le concentré de tomates. Ajoutez la farine et mélangez jusqu'à obtenir une boule de pâte lisse et souple, non collante. Divisez en 3 pâtons. Abaissez le premier pâton en le passant plusieurs fois d'affilé dans le laminoir de la machine à pâte, au cran n°1, en le repliant en deux à chaque fois.

2. Répétez l'opération en allant d'un cran après l'autre, jusqu'au cran n°6.

3. Passez la bande de pâte dans le découpoir. Farinez les tagliatelles et placez-les dans une passoire pour ôter l'excédent de farine. Préparez de la même manière les deux pâtons restants.

4. Émincez finement l'oignon, faites-le revenir dans une sauteuse avec de l'huile d'olive. Ajoutez les dés de poivron et laissez cuire 5 minutes, puis faites sauter à feu vif durant 5 minutes avec les courgettes et les tomates.

5. Plongez les tagliatelles dans un grand volume d'eau bouillante salée, laissez cuire 3 minutes en remuant puis égouttez et arrosez d'huile d'olive.

6. Mélangez avec les légumes et servez sans attendre.

ASTUCE

Vous avez besoin d'une machine à pâtes pour cette recette. Mais si vous n'en avez pas, vous pouvez étaler la pâte et découper au couteau de très fines lamelles.

SALADE DE PÂTES
AUX POIREAUX ET AUX LARDONS

Pour 4 personnes
Préparation : 10 min
Cuisson : 25 min

250 g de pâtes
200 g de lardons fumés
3 blancs de poireaux de taille moyenne
2 cuillerées à soupe d'huile d'olive
Sel et poivre

1. Lavez les poireaux, enlevez la partie vert foncé et coupez les blancs de poireaux en rondelles.

2. Faites-les cuire dans une sauteuse à feu moyen, environ 15 minutes, avec un filet d'huile d'olive, surveillez qu'ils ne colorent pas trop.

3. Faites cuire les pâtes dans une grande casserole d'eau bouillante salée selon les instructions du fabricant. Égouttez-les, passez-les à l'eau froide puis mélangez-les avec un filet d'huile d'olive pour éviter qu'elles ne se collent.

4. Faites cuire les lardons dans la sauteuse des poireaux, à feu moyen, durant 5 minutes environ, sans ajouter de matière grasse.

5. Mélangez les ingrédients, vérifiez l'assaisonnement. Servez la salade de pâtes aux poireaux et aux lardons tiède ou froide.

TAGLIATELLES AU TEMPEH GRILLÉ, SAUCE OSEILLE ET CHÈVRE FRAIS

Pour 2 personnes
Préparation : 10 min
Cuisson : 15 min

200 g de tagliatelles
100 g de tempeh
100 g de fromage de chèvre frais
1 oignon
1 bouquet d'oseille
½ bouquet de menthe
40 g d'amandes entières
2 cuillerées à soupe d'huile d'olive

1. Pelez et émincez l'oignon. Coupez le tempeh en petits dés.

2. Faites chauffer l'huile dans une poêle et faites-y revenir les oignons et le tempeh.

3. Mixez ensemble l'oseille, la menthe, les amandes, le fromage frais et 2 cuillerées à soupe d'eau. Vous devez obtenir une consistance de pesto.

4. Faites cuire les tagliatelles dans une grande casserole d'eau bouillante salée.

5. Égouttez les tagliatelles et mélangez-les sans attendre à la sauce.

6. Servez avec les dès de tempeh bien dorés.

LES PETITES PÂTES

RIGATONIS
AU POULET ET À LA MOUTARDE

Pour 4 personnes • Préparation : 10 min • Cuisson : 10 min

400 g de pâte rigatonis • 2 blancs de poulet • 20 cl de crème liquide • 2 cuillerées à soupe de moutarde à l'ancienne • Huile • Sel et poivre

1. Faites cuire les pâtes dans une grande casserole d'eau bouillante le temps indiqué sur le paquet.

2. Coupez le poulet en petits morceaux.

3. Faites-le revenir dans une poêle avec un filet d'huile, salez et poivrez.

4. Lorsque les morceaux sont bien dorés, ajoutez la moutarde et versez la crème. Baissez à feu très doux et laissez cuire quelques minutes.

5. Versez sur vos pâtes et régalez-vous.

PÂTES TROFIE
À LA MEXICAINE

Pour 5 personnes • Préparation : 10 min • Cuisson : 10 min

500 g de pâtes trofie liguri • ½ poivron vert • 400 g de coulis de tomates • 250 g de haricot rouge en boîte • 140 g de maïs en boîte • Piment (facultatif) • Huile • Sel et poivre

1. Coupez le poivron en lamelles et faites-le revenir dans une sauteuse avec un filet d'huile.

2. Ajoutez le coulis de tomate, les haricots rouges et le maïs égouttés, salez et poivrez ou pimentez selon vos goûts.

3. Faites cuire les pâtes dans une casserole d'eau bouillante le temps indiqué sur le paquet.

4. Égouttez les pâtes et mélangez à la sauce, servez immédiatement.

SERPENTINIS
AUX POIVRONS ET AU CHÈVRE

Pour 4 personnes
Préparation : 15 min
Cuisson : 10 min

400 g de serpentinis
2 poivrons rouges de taille moyenne
2 poivrons verts de taille moyenne
½ bûche de chèvre
2 cuillerées à soupe de crème fraîche allégée
Herbes de Provence
2 cuillerées à soupe d'huile d'olive (+ 1 filet pour l'eau de cuisson)
Sel et poivre

1. Lavez, épépinez et coupez les poivrons en dés.

2. Portez à ébullition une grande quantité d'eau.

3. Faites fondre les poivrons dans une sauteuse à feu doux avec l'huile d'olive. Lorsqu'ils sont bien dorés, salez légèrement, poivrez, et saupoudrez d'herbes de Provence. Ôtez du feu.

4. Salez l'eau des pâtes, ajoutez un filet d'huile et plongez-y les serpentinis.

5. Coupez le chèvre en rondelles et enlevez la peau.

6. Une minute avant la fin de la cuisson des pâtes, prélevez 3 cuillerées à soupe d'eau de cuisson et versez sur les poivrons. Ajoutez le chèvre, la crème fraîche et faites fondre à feu vif.

7. Égouttez les pâtes et mélangez-les aux poivrons. Servez immédiatement.

PENNES À LA SAUCE TOMATE, OIGNON ROUGE ET OLIVES

Pour 4 personnes • Préparation : 10 min • Cuisson : 15 min

400 g de pennes rigates • 100 g d'olives vertes • ½ oignon rouge • 400 g de tomates pelées et concassées en dés • 1 feuille de laurier • 1 filet d'huile • Sel et poivre

1. Faites bouillir une grande casserole d'eau salée puis versez-y les pâtes. Laissez cuire selon le temps indiqué sur l'emballage de manière à avoir des pâtes *al dente*.

2. Coupez les olives en rondelles.

3. Pelez et émincez finement l'oignon. Faites-le revenir dans une poêle avec un filet d'huile.

4. Ajoutez les tomates, les olives et la feuille de laurier. Salez et poivrez. Laissez cuire 5 minutes.

5. Égouttez les pâtes et servez-les avec la sauce bien chaude.

SALADE DE TORTIS
À L'AVOCAT ET AUX CREVETTES

Pour 2 personnes • Préparation : 5 min • Cuisson : 5 min

200 g de tortis • 1 avocat • 100 g de crevettes décortiquées • 200 g de mozzarella • 2 cuillerées à café de jus de citron • 10 cl de crème liquide • Sel et poivre

1. Faites cuire les pâtes *al dente* dans une grande casserole d'eau bouillante salée.

2. Pelez l'avocat et mettez la chair dans le bol d'un mixeur. Ajoutez la crème et le jus de citron. Assaisonnez. Mixez jusqu'à l'obtention d'une crème lisse.

3. Égouttez les pâtes et déposez-les dans un grand saladier. Versez la sauce.

4. Ajoutez les crevettes et la mozzarella coupée en morceaux. Mélangez bien et servez frais.

ASTUCE

Ajoutez de la coriandre fraîche ciselée.

COUDES RAYÉS
AU CHUTNEY DE TOMATES

Pour 4 personnes
Préparation : 20 min
Cuisson : 35 min

400 g de coudes rayés
700 g de tomates fraîches
10 cl de vinaigre de cidre
1 cuillerée à soupe de cassonade
1 cuillerée à café de gingembre en poudre
1 cuillerée à café de coriandre en poudre
Sel

1. Plongez les tomates dans une grande casserole d'eau bouillante pendant 1 minute. Déposez-les 2 minutes dans un récipient d'eau froide. Égouttez-les.

2. Pelez les tomates, coupez-les en morceaux et mettez-les dans une casserole. Ajoutez le vinaigre, la cassonade et les épices ; laissez mijoter 30 minutes.

3. Faites cuire les coudes rayés *al dente* dans une grande casserole d'eau bouillante salée.

4. Égouttez les pâtes et mélangez-les à la sauce.

PENNES
AUX CHAMPIGNONS ET À LA CRÈME

Pour 4 personnes
Préparation : 15 min
Cuisson : 15 min

300 g de pennes rigates
250 g de champignons de Paris
10 cl de crème fraîche
1 oignon
1 filet d'huile
Sel et poivre

1. Faites cuire les pâtes dans une grande casserole d'eau salée le temps indiqué sur le paquet.

2. Pelez et émincez l'oignon. Lavez et émincez les champignons.

3. Faites revenir l'oignon 2 minutes dans une grande poêle avec un filet d'huile. Ajoutez les champignons, salez et poivrez. Faites cuire pendant 5 minutes.

4. Ajoutez la crème fraîche et laissez mijoter 2 à 3 minutes.

5. Égouttez les pâtes et servez immédiatement avec la sauce.

SERPENTINIS
EN SALADE PRINTANIÈRE

Pour 2 à 3 personnes
Préparation : 15 min
Cuisson : 20 min

150 g de serpentinis
400 g de petits pois frais
1 mini-concombre
15 radis
1 yaourt
½ cuillerée à café de paprika
1 cuillerée à café de moutarde
1 cuillerée à café de sauce Worcestershire
Sel et poivre

1. Écossez les petits pois et faites-les cuire 10 à 15 minutes à l'eau bouillante avec 1 pincée de sel.

2. Faites cuire les pâtes *al dente* dans une grande casserole d'eau bouillante salée.

3. Dans un bol, mélangez le yaourt avec le paprika, la moutarde et la sauce Worcestershire.

4. Détaillez les radis et le concombre (lavé mais non épluché) en fines rondelles.

5. Égouttez les petits pois et les pâtes. Dans un grand saladier, mélangez les pâtes avec la sauce et les légumes. Salez, poivrez et servez frais.

PENNES
AU THON, CURRY ET TOMATES

Pour 3 à 4 personnes • Préparation : 5 min • Cuisson : 10 min

300 g de pennes • 1 boîte de thon • 1 boîte de tomates pelées et concassées (400 g) • 1 gousse d'ail écrasée • 1 cuillerée à soupe de curry • 1 cuillerée à café de coriandre moulue • 1 cuillerée à café de sucre en poudre

1. Faites cuire les pâtes dans l'eau salée.

2. Pendant ce temps, faites revenir la gousse d'ail écrasée dans un filet d'huile. Ajoutez le thon, les tomates, les épices et le sucre.

3. Laissez cuire quelques minutes et servez sans attendre sur les pâtes égouttées.

TORTIS AUX OLIVES VERTES ET À LA SAUCE TOMATE

Pour 4 personnes • Préparation : 15 min • Cuisson : 15 min

450 g de tortis • 250 g d'olives vertes farcies aux poivrons • 500 g de pulpe de tomates pelées en dés • 1 oignon • 1 cuillerée à soupe d'huile d'olive • Origan

1. Faites bouillir l'eau des pâtes. Pelez et émincez l'oignon. Coupez les olives en rondelles. Faites cuire les tortis.

2. Dans une sauteuse, faites fondre l'oignon dans l'huile. Ajoutez les olives puis les tomates et l'origan. Laissez mijoter quelques minutes.

3. Égouttez les pâtes, mélangez-les à la sauce et servez immédiatement.

4. Vous pouvez garder quelques olives entières pour décorer.

ASTUCE

Si vous n'avez pas d'olives farcies aux poivrons, vous pouvez ajouter un poivron mixé dans la sauce.

ONE POT PASTA
AUX ÉPINARDS ET SAUMON FUMÉ

Pour 4 personnes
Préparation : 5 min
Cuisson : 10 min

400 g de petites pâtes au blé dur
200 g de jeunes pousses d'épinards frais
6 tranches de saumon fumé
80 cl d'eau

1. Coupez le saumon en fines lanières.

2. Lavez et égouttez les feuilles d'épinards.

3. Dans une grande casserole, mettez les pâtes, le saumon, les épinards et l'eau.

4. Faites chauffer et laissez cuire à couvert 8 à 10 minutes, à feu moyen en remuant de temps en temps. L'eau doit avoir été absorbée par les pâtes à la fin de la cuisson, comme pour la cuisson d'un riz pilaf ou d'un risotto.

5. Vérifiez la cuisson. Si les pâtes sont trop dures, ajoutez un petit verre d'eau et poursuivez la cuisson.

6. Servez sans attendre.

ASTUCE

Comme le saumon est déjà salé, il n'est pas nécessaire de saler l'eau de cuisson.

SERPENTINIS
AU SAUMON FUMÉ

Pour 2 personnes • Préparation : 10 min • Cuisson : 10 min

200 g de serpentinis • 100 g de saumon fumé • 6 cuillerées à soupe de crème fraîche • 2 cuillerées à café de moutarde à l'ancienne • 1 cuillerée à soupe de câpres • Aneth • Sel et poivre

1. Faites cuire les pâtes *al dente* dans une grande casserole d'eau bouillante salée.

2. Coupez le saumon en lanières.

3. Dans un bol, mélangez la crème avec la moutarde et les câpres.

4. Égouttez les pâtes et déposez-les dans un saladier. Ajoutez le saumon fumé et la sauce. Mélangez bien et rectifiez l'assaisonnement en sel et poivre si nécessaire. Décorez avec un brin d'aneth et servez aussitôt.

SALADE DE PÂTES AU MELON

Pour 3 personnes • Préparation : 15 min • Cuisson : 10 min

150 g de pipe rigate (ou pennes ou torti) • 10 tomates cerises • ½ melon • ½ citron • 8 olives noires • 3 tranches de jambon cru • 1 boule de mozzarella • 3 cuillerées à soupe d'huile d'olive • Sel et poivre

1. Faites cuire les pâtes selon le temps de cuisson indiqué sur le paquet.

2. Détaillez la mozzarella en fines tranches.

3. Taillez des billes dans le melon à l'aide d'une cuillère à pomme parisienne. Récupérez le reste de la chair et hachez-la finement, mélangez-la à l'huile d'olive et au jus du citron. Arrosez-en les pâtes cuites et remuez pour en imprégner toute la salade.

4. Coupez les tranches de jambon en lanières.

5. Incorporez l'ensemble des ingrédients à la salade en mélangeant délicatement.

PAD THAÏ
AU POULET

Pour 4 personnes
Préparation : 30 min
Cuisson : 25 min
Repos : 30 min

375 g de nouilles de riz thaï
2 blancs de poulet
40 g de pulpe de tamarin
20 cl d'eau
2 cuillerées à soupe de sauce nuoc-mâm
2 cuillerées à soupe de sauce soja
1 citron vert combawa
2 cuillerées à café de sucre roux
2 gros œufs bio
3 oignons nouveaux
1 gousse d'ail
2 cuillerées à soupe de feuilles de coriandre fraîche
200 g de pousses de soja
Huile

1. Pour la sauce : faites bouillir l'eau. Diluez la pulpe de tamarin dans l'eau chaude et laissez reposer 30 minutes, puis filtrez dans une passoire fine. Ajoutez la sauce nuoc-mâm, la sauce soja, les jus et zeste de citron vert et le sucre roux. Réservez.

2. Émincez les blancs de poulet et fines lanières. Faites chauffer un filet d'huile dans le wok et faites-y revenir brièvement les morceaux de poulet pour les faire cuire. Retirez-les.

3. Fouettez les œufs en omelette dans un bol. Faites-les revenir dans le wok, comme des œufs brouillés. Retirez.

4. Faites cuire les nouilles de riz dans une casserole d'eau bouillante, selon le temps indiqué sur le paquet.

5. Pelez et émincez finement les oignons. Pelez et hachez la gousse d'ail. Ajoutez un filet d'huile dans le wok et faites-y revenir les oignons et l'ail.

6. Ajoutez la sauce, la coriandre ciselée et les pousses de soja. Laissez cuire 2 à 3 minutes.

7. Ajoutez les nouilles égouttées, le poulet et les œufs cuits. Laissez cuire 2 minutes en mélangeant bien pour que les pâtes se nappent de sauce.

PÂTES AU POTIRON
ET SAUCE BOLOGNAISE

Pour 4 personnes • Préparation : 15 min • Cuisson : 45 min

400 g de pâtes • 1 oignon • 200 g de chair de potiron • 350 g de bœuf haché • 4 cuillerées à soupe de vin blanc • 30 cl de bouillon de bœuf • 5 cuillerées à soupe de concentré de tomates • 1 cuillerée à café de muscade • 2 cuillerées à soupe d'huile

1. Pelez et émincez finement l'oignon. Coupez le potiron en tout petits dés.

2. Dans une sauteuse, faites revenir l'oignon et le potiron dans l'huile. Ajoutez la viande et faites-la dorer.

3. Versez le vin blanc, laissez évaporer puis ajoutez le bouillon. Incorporez le concentré de tomates et la muscade. Couvrez et laissez mijoter 30 minutes.

4. Faites cuire les pâtes dans une grande casserole d'eau bouillante salée. Égouttez-les et mélangez-les à la sauce.

RIGATONIS
AU CRABE, MAÏS ET POIVRONS

Pour 4 personnes • Préparation : 15 min • Cuisson : 10 min

400 g de rigatonis • 200 g de chair de crabe • 1 poivron • 250 g de maïs • Le jus de ½ citron • 60 g de double concentré de tomate • 10 cl d'eau • 10 brins de persil • Huile • Sel et poivre

1. Découpez le poivron en petits dés et faites-le cuire dans une poêle avec un filet d'huile 5 à 10 minutes en mélangeant régulièrement.

2. Ajoutez le maïs égoutté, le concentré de tomate, le jus de citron et l'eau, salez, poivrez.

3. Ajoutez le crabe et le persil haché. Laissez cuire encore 3 minutes.

4. Faites cuire les pâtes dans une grande casserole d'eau bouillante salée le temps indiqué sur le paquet, égouttez et mélangez-les à la sauce.

TORTIGLIONIS
AU CHORIZO

Pour 4 personnes
Préparation : 10 min
Cuisson : 20 min

400 g de tortiglionis
80 g de chorizo
1 oignon
5 cl de vin blanc
1 boîte de tomates pelées concassées
2 branches de thym
1 feuille de laurier
½ cuillerée à café de paprika
Sel et poivre

1. Pelez et émincez finement l'oignon. Enlevez la peau du chorizo et coupez-le en tranches. Faites revenir l'oignon et le chorizo dans une poêle sans ajout de matière grasse.

2. Versez le vin blanc, laissez évaporer puis ajoutez les tomates concassées. Incorporez le thym, le laurier, le paprika et laissez mijoter à couvert pendant 10 à 15 minutes.

3. Faites cuire les tortiglionis *al dente* dans une casserole d'eau bouillante salée.

4. Égouttez les pâtes et mélangez-les à la sauce. Servez chaud.

ORECCHIETTES
AUX LARDONS ET ŒUFS BROUILLÉS

Pour 2 personnes
Préparation : 5 min
Cuisson : 10 min

200 g d'orecchiettes
100 g de lardons fumés
3 œufs
3 à 4 cuillerées à soupe de crème fraîche épaisse
Sel et poivre

1. Faites cuire les lardons sans ajout de matière grasse, à feu moyen durant quelques minutes.

2. Faites cuire les pâtes *al dente*, selon les indications fournies par le fabricant.

3. Épongez une partie du gras des lardons et versez les œufs battus dans la même poêle.

4. Remuez constamment avec une spatule pour brouiller les œufs. Assaisonnez à votre goût. Dès que les œufs brouillés sont crémeux et épais, placez-les hors du feu.

5. Mélangez les œufs brouillés et les pâtes.

6. Servez vos orecchiettes aux lardons et aux œufs brouillés bien chaudes, nappées de crème fraîche.

PENNES
AU PESTO ROUGE

Pour 2 personnes
Préparation : 10 min
Cuisson : 8 min

250 g de pennes rigates
75 g de pistaches
1 gousse d'ail
75 g de tomates séchées
25 g de pignons de pin
20 g de parmesan fraîchement râpé
6 feuilles de basilic
3 cuillerées à soupe d'huile d'olive
Sel et poivre

1. Décortiquez les pistaches. Pelez et dégermez la gousse d'ail.

2. Faites cuire les pennes *al dente* dans une grande casserole d'eau bouillante salée.

3. Mixez ensemble les tomates séchées, l'ail, les pignons, les pistaches, le parmesan et le basilic. Ajoutez l'huile d'olive et 3 cuillerées à soupe de l'eau de cuisson des pâtes. Mixez à nouveau.

4. Égouttez les pâtes, mélangez-les à la sauce et servez chaud.

CROZETS
AU BEAUFORT ET AUX LARDONS

Pour 4 personnes
Préparation : 15 min
Cuisson : 25 min

250 g de crozets au sarrasin
70 g de beaufort
50 g de comté
200 g de lardons
15 cl de crème
2 oignons
Sel et poivre

1. Faites cuire les crozets 15 minutes dans une grande casserole d'eau bouillante salée. Égouttez-les et passez-les sous l'eau froide.

2. Pendant ce temps, pelez et émincez finement les oignons. Dans une sauteuse, faites revenir les lardons sans ajout de matière grasse. Puis ajoutez les oignons et laissez cuire à feu moyen jusqu'à ce qu'ils soient tendres.

3. Dans une casserole, faites chauffer la crème avec les fromages râpés. Mélangez cette crème aux pâtes et ajoutez les lardons et les oignons.

4. Servez chaud.

PAD THAÏ
AUX CREVETTES

Pour 2 personnes
Préparation : 30 min
Cuisson : 15 min

150 g de nouilles de riz thaïlandaises
100 g de crevettes décortiquées
3 oignons nouveaux
1 gousses d'ail
50 g de pousses de soja
2 œufs
30 g de cacahuètes grillées
2 cuillerées à soupe de nuoc-mâm
2 cuillerées à soupe de sauce soja
2 cuillerées à café de cassonade
1 petit citron vert
Coriandre fraîche
Huile

1. Faites cuire ou réhydratez les pâtes selon les indications de l'emballage.

2. Préparez la sauce en mélangeant la sauce nuoc-mâm, la sauce soja, la cassonade et le citron vert.

3. Pelez et émincez finement 3 oignons nouveaux. Hachez la gousse d'ail. Faites-les revenir dans un peu d'huile, dans un wok.

4. Ajoutez la sauce, les pousses de soja et les nouilles égouttées. Puis ajoutez les œufs, les crevettes et les cacahuètes. Laissez cuire quelques minutes pour que la sauce s'épaississe.

5. Servez chaud, avec des cacahuètes concassées et de la coriandre fraîche.

SALADE DE PENNES
AUX PIGNONS DE PIN, ÉPINARDS ET PESTO

Pour 4 personnes
Préparation : 10 min
Cuisson : 10 min

300 g de pennes
150 g de jeunes pousses d'épinards
50 g de pignons de pin
4 cuillerées à soupe de pesto

1. Faites cuire les pâtes dans une grande casserole d'eau bouillante salée. Égouttez-les et passez-les sous un filet d'eau froide pour éviter qu'elles collent.

2. Lavez et essorez les épinards. Faites griller les pignons de pin.

3. Mélangez les pâtes avec le pesto. Ajoutez les pousses d'épinards et les pignons. Servez frais.

FARFEL

Pour 4 personnes
Préparation : 1 h
Cuisson : 6 min
Repos : 2 h

225 g de farine
2 œufs
Persil haché
Sel

1. Mélangez la farine, les œufs et une pincée de sel dans une jatte. Ajoutez peu à peu 1 à 2 cuillerées à soupe d'eau pour former une pâte.

2. Continuez à pétrir la pâte jusqu'à ce qu'elle ne colle plus aux mains. Ajoutez un peu de farine, si nécessaire. Laissez reposer au moins 30 minutes dans une jatte couverte.

3. Sur une surface légèrement farinée, roulez la pâte avec vos mains pour former un boudin épais. Laissez au moins reposer 1 à 2 heures à température ambiante, pour qu'elle sèche un peu.

4. Coupez la pâte en tronçons puis râpez-les sur une râpe à gros trous. Farinez légèrement les petites boulettes et étalez-les sur une plaque à pâtisserie ou sur du papier cuisson pour qu'elles sèchent.

5. Pour faire cuire les boulettes, portez de l'eau salée à ébullition, ajoutez les boulettes et laissez bouillir environ 6 minutes, jusqu'à ce qu'elles soient tendres. Égouttez soigneusement et servez chaud. Décorez de persil.

SALADE DE PÂTES
AU CHOU ROUGE, COURGE ET BROCOLI

Pour 4 personnes
Préparation : 25 min
Cuisson : 45 min

150 g de pâtes
1 brocoli
1 courge delicata
¼ de chou rouge
1 poignée de pignons de pin
1 poignée de raisins secs
3 cuillerées à soupe de vinaigre de cidre (ou de xérès)
4 cuillerées à soupe d'huile de colza (ou huile d'olive)

1. Faites préchauffer le four à 180 °C (th. 6).

2. Coupez la courge delicata en deux dans le sens de la longueur puis en tronçons de 1 cm. Répartissez les morceaux sur une plaque allant au four, en une seule couche. Salez, poivrez et faites cuire 30 minutes à 180 °C (th. 6). Puis laissez refroidir sur une grille.

3. Coupez le chou en fines lanières.

4. Dans une grande casserole d'eau bouillante, faites cuire les pâtes *al dente* en fonction des indications sur le paquet.

5. Coupez le brocoli en petites fleurettes et faites-le cuire dans une casserole d'eau bouillante 8 minutes.

6. Égouttez les pâtes et le brocoli. Passez-les sous un filet d'eau froide.

7. Dans un grand saladier, mettez tous les ingrédients.

SALADE DE FUSILLIS
AU POULET, TOMATES ET CÂPRES

Pour 4 personnes
Préparation : 10 min
Cuisson : 10 min

250 g de fusillis ou autre type de pâtes
2 blancs de poulet
2 tomates
2 cuillerées à soupe de câpres
2 cuillerées à soupe d'huile d'olive
Sel et poivre

1. Coupez les blancs de poulet en cubes et faites-les dorer 5 à 10 minutes dans une sauteuse huilée, jusqu'à ce qu'ils soient cuits à cœur. Salez et poivrez à votre goût.

2. Coupez les tomates en petits dés.

3. Faites cuire les pâtes dans une grande casserole d'eau bouillante salée. Égouttez-les, passez-les rapidement à l'eau froide puis mélangez-les avec l'huile d'olive dans un saladier. Remuez bien, cela évitera aux pâtes de se coller en refroidissant.

4. Mélangez les pâtes, les cubes de poulet, les tomates et les câpres. Vérifiez l'assaisonnement.

5. Servez la salade de pâtes au poulet, tomates et câpres une fois refroidie.

SERPENTINIS
À LA RICOTTA

Pour 2 personnes
Préparation : 10 min
Cuisson : 15 min

200 g de serpentinis
100 g de lardons
1 oignon rouge
3 cuillerées à soupe de ricotta
Parmesan
Sel

1. Faites chauffer une grande quantité d'eau.

2. Pendant ce temps, faites fondre les lardons à feu doux sans ajout de matière grasse.

3. Pelez et coupez l'oignon en fines rondelles. Ajoutez-les aux lardons et couvrez. Lorsque l'eau bout, salez-la et plongez-y les pâtes. Laissez-les cuire le temps indiqué sur l'emballage pour une cuisson *al dente*.

4. Égouttez-les, remettez-les dans la casserole et mélangez-les aux lardons.

5. Ajoutez la ricotta et servez immédiatement avec un peu de parmesan.

MACARONIS
AUX CÂPRES ET À LA POUTARGUE

Pour 6 personnes • Préparation : 5 min • Cuisson : 10 min

300 g de macaronis • 4 cuillerées à soupe de câpres •
1 morceau de poutargue • 10 cl de crème fraîche

1. Faites cuire les macaronis le temps indiqué sur le paquet.

2. Une fois cuits, égouttez-les et ajoutez-leur la crème et les câpres.

3. Parsemez de copeaux de poutargue et servez sans attendre.

SALADE DE COQUILLETTES
AUX CREVETTES ET CHUTNEY DE MANGUE

Pour 4 personnes • Préparation : 10 min • Cuisson : 15 min

250 g de coquillettes • 150 g de petites carottes surgelées •
200 g de crevettes décortiquées • 3 cuillerées à soupe de chutney de mangue •
3 cuillerées à soupe de fromage blanc • ½ cuillerée à café de gingembre •
1 cuillerée à soupe de coriandre ciselée • Sel et poivre

1. Faites cuire les coquillettes dans une grande casserole d'eau bouillante salée. Égouttez-les et passez-les sous un filet d'eau froide pour éviter qu'elles collent.

2. Faites cuire les carottes 5 à 10 minutes dans une grande casserole d'eau bouillante salée. Égouttez-les.

3. Mélangez le chutney avec le fromage blanc, le gingembre, du sel et du poivre. Versez la sauce sur les pâtes, ajoutez les carottes, les crevettes et la coriandre. Mélangez bien et servez frais.

ONE POT PASTA
AU POULET ET AUX CHAMPIGNONS

Pour 4 personnes • Préparation : 5 min • Cuisson : 10 min

350 g de pâtes à l'épeautre • 250 g de blancs de poulet • 300 g de champignons de Paris, frais • 1 gros oignon • 85 cl d'eau • 1 cuillerée à café de bouillon de volaille (ou 1 cube) • 2 cuillerées à soupe de crème fraîche • 1 cuillerée à soupe de moutarde

1. Coupez les blancs de poulet en petits dés.

2. Émincez les champignons en fines tranches.

3. Pelez et ciselez l'oignon.

4. Mettez tous les ingrédients dans une grande casserole. Faites chauffer pour porter l'eau à ébullition. Baissez le feu, couvrez et laissez cuire environ 10 minutes, en remuant régulièrement.

5. Vérifiez la cuisson. Si les pâtes sont trop dures, ajoutez un petit verre d'eau et poursuivez la cuisson.

6. Servez sans attendre.

ONE POT PASTA
AUX MAQUEREAUX

Pour 2 à 3 personnes • Préparation : 5 min • Cuisson : 10 min

**250 g de pâtes • 1 boîte de filet de maquereau au naturel (170g) •
10 morceaux de tomates séchées • 1 cuillerée à soupe de moutarde à l'ancienne •
1 cuillerée à café de bouillon de légumes en poudre • 60 cl d'eau**

1. Coupez les morceaux de tomates séchées en trois.

2. Émiettez les filets de maquereau puis mettez l'ensemble des ingrédients dans une grande casserole en ajoutant l'eau.

3. Couvrez et faites cuire 8 à 10 minutes à feu moyen en mélangeant régulièrement.

4. Vérifiez la cuisson (les pâtes doivent être tendres et l'eau complètement absorbée) puis servez immédiatement.

TORTIS
À LA SAUCE COURGETTES ET SAUGE

Pour 2 personnes
Préparation : 15 min
Cuisson : 25 min

300 g de tortis
5 cuillerées à soupe de sauce tomate
2 courgettes
1 oignon
Quelques feuilles de sauge
Huile d'olive
Sel et poivre

1. Pelez l'oignon et coupez-le en fines lamelles. Faites-les cuire à feu moyen dans une poêle avec un peu d'huile durant quelques minutes.

2. Lavez les courgettes et coupez-les en cubes, ajoutez-les aux oignons et assaisonnez. Laissez cuire une quinzaine de minutes à feu moyen, à couvert, pour attendrir les courgettes.

3. Faites cuire les pâtes *al dente* selon les instructions données par le fabricant.

4. Versez la sauce tomate sur les courgettes, ajoutez les feuilles de sauge ciselées et laissez chauffer une minute.

5. Égouttez les pâtes. Arrosez les tortis d'un filet d'huile d'olive et de leur sauce tomate, courgette et sauge.

SALADE DE PÂTES
AUX FIGUES, FETA ET ROQUETTE

Pour 4 personnes
Préparation : 10 min
Cuisson : 6 min

350 g de pâtes
6 figues violettes
100 g de feta
50 g de roquette
4 cuillerées à soupe d'huile d'olive
2 cuillerées à soupe de vinaigre
Sel et poivre

1. Faites cuire les pâtes dans une grande casserole d'eau bouillante selon le temps indiqué sur le paquet pour avoir une cuisson *al dente*.

2. Pendant ce temps, coupez les figues en six et la feta en cubes.

3. Égouttez les pâtes et passez-les sous un filet d'eau froide pour stopper la cuisson. Ajoutez l'huile d'olive et mélangez délicatement.

4. Dans un saladier, versez les pâtes, les figues, la feta et la roquette. Ajoutez le vinaigre et un peu d'huile si besoin. Salez légèrement et poivrez.

PÂTES
ALL'ARRABBIATA

Pour 4 personnes
Préparation : 10 min
Cuisson : 15 min

400 g de pâtes rayés castellanes
1 gousse d'ail
1 ou 2 piments oiseau
400 g de tomates pelées et concassées en dés
½ petit bouquet de persil plat
50 g de copeaux de parmesan
Huile
Sel

1. Épluchez et coupez la gousse d'ail en deux pour la dégermer puis hachez-la.

2. Coupez les piments oiseau en petits bouts.

3. Faites revenir l'ail et le piment 2 ou 3 minutes dans une poêle avec un filet d'huile.

4. Ajoutez les tomates et laissez mijoter 15 minutes.

5. Ciselez le persil et ajoutez la moitié au bout de 5 minutes de cuisson puis le reste à la fin.

6. Faites cuire les pâtes dans une grande casserole d'eau salée le temps indiqué sur le paquet puis égouttez.

7. Mélangez la sauce dans les pâtes, servez et saupoudrez de parmesan.

CONCHIGLIES
AUX MOULES

Pour 4 personnes
Préparation : 20 min
Cuisson : 20 min

400 g de conchiglies
1,4 kg de moules
1 oignon
20 cl de vin blanc
10 cl de crème fraîche liquide
2 cuillerées à soupe d'huile
1 feuille de laurier
Poivre

1. Lavez et grattez les moules. Rincez-les bien puis égouttez-les.

2. Coupez l'oignon en dés et faites-le revenir dans une grande sauteuse avec l'huile. Ajoutez le vin, le laurier, le poivre et portez à ébullition.

3. Ajoutez les moules, couvrez et faites cuire 10 minutes en mélangeant régulièrement.

4. Sortez les moules du feu en gardant le jus de cuisson. Remettez le jus de cuisson à cuire à feu moyen pour le faire réduire.

5. Faites bouillir l'eau des pâtes sans sel puis faites-les cuire le temps indiqué sur le paquet.

6. Pendant ce temps enlevez les moules de leur coquilles.

7. Ajoutez la crème dans la sauce et laissez cuire 2 à 3 minutes. Hors du feu ajoutez les moules pour les réchauffer puis mélangez la sauce aux pâtes égouttées.

ASTUCE

Si vous le souhaitez, gardez quelques moules entières pour la décoration.

SALADE DE PÂTES
AUX FÈVES, ÉPINARDS ET FETA

Pour 2 personnes
Préparation : 5 min
Cuisson : 10 min

200 g de pâtes
200 g de fèves écossées, fraîches ou surgelées
100 g de pousses d'épinards
100 g de feta
3 cuillerées à soupe d'huile d'olive
Sel et poivre

1. Faites cuire les fèves 5 minutes à l'eau bouillante avec une pincée de sel.

2. Faites cuire les pâtes *al dente* dans une grande casserole d'eau bouillante salée.

3. Lavez les épinards et émincez-les en fines lanières. Coupez la feta en cubes.

4. Dans un grand saladier, mélangez les pâtes égouttées et rincées sous l'eau froide avec les fèves, les épinards et la feta. Assaisonnez, ajoutez l'huile d'olive et servez.

ASTUCE
Ajoutez des tomates séchées coupées en fines lanières.

CONCHIGLIES
À L'HAWAÏENNE

Pour 4 personnes
Préparation : 15 min
Cuisson : 10 min

450 g de conchiglies
1 ananas (600 g environ)
60 g de double concentré de tomate
4 tranches de jambon blanc
3 cuillerées à café de bouillon de légumes en poudre
30 cl d'eau
Sel

1. Ôtez la peau de l'ananas et coupez-le en morceaux.

2. Faites-le dorer légèrement dans une grande poêle à feu moyen en mélangeant régulièrement pendant 5 minutes.

3. Ajoutez ensuite le concentré de tomate, le bouillon et l'eau. Laissez cuire quelques minutes, ajoutez le jambon coupé en dés.

4. Faites cuire les pâtes dans une grande casserole d'eau bouillante salée le temps indiqué sur le paquet. Égouttez et mélangez à la sauce.

GNOCCHIS
AU GORGONZOLA ET AUX NOIX

Pour 4 personnes • Préparation : 5 min • Cuisson : 10 min

500 g de gnocchis • 60 g de gorgonzola •
15 cl de crème liquide • 10 cerneaux de noix

1. Préparez les gnocchis selon les indications du paquet.

2. Pendant la cuisson des gnocchis, faites fondre, dans une casserole, le gorgonzola avec la crème, en remuant régulièrement.

3. Dans un saladier, versez la sauce et les cerneaux de noix sur les gnocchis égouttés.

4. Servez sans attendre les gnocchis au gorgonzola et aux noix.

GNOCCHIS
À LA CRÈME ET AUX CHAMPIGNONS

Pour 2 personnes • Préparation : 5 min • Cuisson : 7 min

1 sachet de gnocchis à poêler • 1 petite boîte de champignons • 20 cl de crème fraîche • 1 filet d'huile • Sel

1. Dans une poêle, à feu vif, faites revenir les gnocchis avec un filet d'huile.

2. Ajoutez les champignons égouttés.

3. Puis ajoutez la crème et le sel.

4. Laissez cuire 5 minutes à feu modéré et dégustez.

LES PÂTES FOURRÉES

RAVIOLIS
AU JAMBON ET À LA RICOTTA

Pour environ 30 raviolis
Préparation : 40 min
Cuisson : 4 min

2 gros œufs
180 g de farine
2 tranches de jambon
160 g de ricotta
Sel et poivre

1. Battez les œufs en omelette avec une fourchette. Ajoutez une pincée de sel. Déposez la farine sur le plan de travail propre. Versez les œufs battus. Pétrissez la pâte à la main pour avoir un mélange homogène. Formez une boule de pâte. Ajoutez un peu d'eau si nécessaire.

2. Séparez la pâte en six morceaux. Passez-les dans la machine à pâte pour les aplatir. Repassez la pâte plusieurs fois dans la machine jusqu'à avoir une épaisseur très fine.

3. Découpez des cercles de 7 cm de diamètre, à l'aide d'un cercle à pâtisserie ou d'un verre.

4. Mixez le jambon avec la ricotta. Salez et poivrez. Déposez une cuillerée de garniture sur la pâte et mouillez légèrement l'extrémité du cercle avec un peu d'eau.

5. Repliez le cercle en deux et soudez bien les extrémités en les pinçant entre vos doigts.

6. Faites de même avec le restant de la pâte et faites cuire vos raviolis 4 minutes dans de l'eau bouillante salée.

CANNELLONIS
AU BŒUF ET AUX COURGETTES

Pour 3 personnes
Préparation : 20 min
Cuisson : 30 min

6 feuilles de lasagne
300 g de bœuf haché
1 oignon
½ courgette (100 g)
400 g de tomates concassées
100 g de fromage râpé
½ cuillerée à café de cumin
½ cuillerée à café de coriandre
½ cuillerée à café de paprika
1 trait d'huile d'olive
Sel et poivre

1. Faites bouillir une grande casserole d'eau, faites cuire les feuilles de lasagnes 3 par 3 pendant 5 minutes. Déposez-les sur un torchon propre au fur et à mesure que vous les sortez de l'eau.

2. Pendant la cuisson des lasagnes, émincez l'oignon finement. Faites-le chauffer 5 minutes dans une sauteuse avec un filet d'huile d'olive. Ajoutez la courgette râpée puis le bœuf, les épices et 300 g de tomates. Laissez cuire 5 minutes à feu moyen.

3. Préchauffer le four à 180 °C (th. 6).

4. Déposez une ou deux bonnes cuillerées à soupe de farce sur le « petit » côté d'une feuille de lasagnes puis roulez la feuille sur elle-même pour former le cannelloni. Déposez dans un plat allant au four.

5. Faites de même avec toutes les feuilles de lasagne.

6. Versez les 100 g de tomates restantes sur les cannellonis.

7. Saupoudrez de fromage râpé et enfournez pour 15 minutes.

RAVIOLIS AU THON
ET À LA BETTERAVE

Pour 4 personnes
Préparation : 40 min
Cuisson : 5 min

2 œufs
75 g de betterave cuite
1 bonne pincée de sel
200 g de farine
Huile d'olive
Poivre

Farce des ravioles :
1 boîte de thon (140 g poids net égoutté)
80 g de crème fraîche liquide
1 cuillerée à café de moutarde

Pour servir :
1 petit pot de sauce pesto

1. Mixez finement les œufs avec la betterave et le sel. Transvasez cette préparation dans un saladier et incorporez la farine. Mélangez bien la pâte jusqu'à obtenir une pâte homogène. Entourez la pâte dans un film alimentaire et laissez-la reposer 1 heure au réfrigérateur pour qu'elle perde son élasticité.

2. Écrasez le thon à la fourchette et mélangez-le avec la crème et la moutarde. Poivrez.

3. Aplatissez finement votre pâte et découpez-la en deux dans la longueur, pour avoir deux bandes d'environ 5 cm de large. Déposez des cuillerées de farce sur l'une des bandes, espacées de 4 ou 5 cm.

4. Avec un pinceau, badigeonnez la pâte d'un peu d'eau. Recouvrez avec la deuxième bande et soudez bien les bords. Découpez les raviolis. Faites de même avec les 3 autres morceaux de pâte et le restant de farce.

5. Faites bouillir une grande casserole remplie d'eau salée. Ajoutez un filet d'huile. Faites-y cuire les raviolis 2 à 3 minutes. Égouttez-les doucement dans une passoire et servez-les sans attendre.

RAVIOLIS AU ROQUEFORT
ET AUX NOIX

Pour environ 30 raviolis
Préparation : 40 min
Cuisson : 4 min

2 gros œufs
180 g de farine
100 g de ricotta
40 g de roquefort
10 noix
Sel et poivre

1. Battez les œufs en omelette avec une fourchette. Ajoutez une pincée de sel. Déposez la farine sur le plan de travail propre. Versez les œufs battus. Pétrissez la pâte à la main pour avoir un mélange homogène. Formez une boule de pâte. Ajoutez un peu d'eau si nécessaire.

2. Séparez la pâte en six morceaux. Passez-les dans la machine à pâte pour les aplatir. Repassez la pâte plusieurs fois dans la machine jusqu'à avoir une épaisseur très fine.

3. Découpez des cercles de 7 cm de diamètre, à l'aide d'un cercle à pâtisserie ou d'un verre.

4. Mixez la ricotta avec le roquefort et les noix. Salez et poivrez. Déposez une cuillerée de garniture sur la pâte et mouillez légèrement l'extrémité du cercle avec un peu d'eau.

5. Repliez le cercle en deux et soudez bien les extrémités en les pinçant entre vos doigts.

6. Faites de même avec le restant de la pâte et faites cuire vos raviolis 4 minutes dans de l'eau bouillante salée.

CANNELLONIS ÉPINARDS-RICOTTA

Pour 6 cannellonis
Préparation : 20 min
Cuisson : 10 min

6 feuilles de lasagnes
150 g d'épinards surgelés
250 g de ricotta
2 cuillerées à soupe de pignons de pin
1 cuillerée à soupe de basilic ciselé
25 g de gruyère râpé
2 cuillerées à soupe d'huile d'olive
Sel et poivre

1. Faites décongeler les épinards. Dans un saladier, mélangez les épinards avec la ricotta, les pignons et le basilic ciselé. Salez et poivrez.

2. Dans un grand volume d'eau bouillante salée, faites cuire les feuilles de lasagnes 1 à 2 minutes. Sortez-les délicatement avec une écumoire et déposez-les à plat sur un linge propre. Laissez-les un peu refroidir.

3. Déposez 1 bonne cuillerée à soupe de farce sur un petit côté des feuilles de lasagnes. Roulez les feuilles sur elles-mêmes de façon à former des cylindres.

4. Déposez les cannellonis dans un plat allant au four. Badigeonnez la surface d'huile d'olive avec un pinceau et saupoudrez de gruyère râpé. Enfournez et laissez gratiner sous le gril 3 à 4 minutes.

ASTUCE

Servez avec une salade de tomates fraîches.

RAVIOLIS
AU POTIRON

Pour 2 personnes
Préparation : 30 min
Cuisson : 1 h

600 g de potiron
2 œufs
180 g de farine + 20 g
40 g de parmesan fraîchement râpé
½ cuillerée à café de muscade
Sel et poivre

1. Préchauffez le four à 180 °C (th. 6).

2. Coupez le potiron en cubes. Étalez-les sur la plaque du four, enfournez et laissez cuire pendant 1 heure. Passez la chair au presse-purée et incorporez le parmesan et la muscade. Salez et poivrez. Réservez.

3. Mélangez les œufs et la farine jusqu'à l'obtention d'une pâte souple et homogène. Pétrissez-la bien. Étalez-la sur 5 mm d'épaisseur.

4. Découpez des cercles de pâte à l'aide d'un emporte-pièce ou d'un verre. Déposez sur chaque cercle 1 petite cuillerée à café de farce. Humidifiez légèrement les bords de la pâte avec un peu d'eau froide. Repliez les cercles en deux, relevez les bords et ramenez les deux extrémités vers le centre.

5. Déposez les raviolis sur un plan de travail fariné et laissez-les sécher quelques minutes. Plongez-les dans une grande casserole d'eau bouillante salée et laissez-les cuire 3 à 4 minutes. Égouttez-les et servez.

RAVIOLIS
FARCIS AU POULET ET AU PESTO

Pour 2 à 3 personnes
Préparation : 1 h
Cuisson : 5 min

200 g de blanc de poulet
4 cuillerées à soupe de pesto
2 œufs
180 g de farine + 20 g
2 cuillerées à soupe de ricotta
Sel et poivre

1. Hachez grossièrement les blancs de poulet à l'aide d'un mixeur. Incorporez le pesto, la ricotta, le sel et le poivre. Réservez au frais.

2. Mélangez les œufs et la farine jusqu'à l'obtention d'une pâte souple et homogène. Pétrissez bien la pâte. Étalez-la sur 5 mm d'épaisseur.

3. Découpez des cercles de pâte à l'aide d'un emporte-pièce ou d'un verre. Déposez sur chaque cercle une petite cuillerée à café de farce. Humidifiez légèrement les bords de la pâte avec un peu d'eau froide. Repliez les cercles en deux, relevez les bords et ramenez les deux extrémités vers le centre.

4. Déposez les raviolis sur un plan de travail fariné et laissez-les sécher quelques minutes. Plongez-les dans une grande casserole d'eau bouillante salée et laissez-les cuire 3 à 4 minutes.

ASTUCE

Servez avec une sauce au pesto et à la ricotta ou à la crème fraîche.

RAVIOLES SAUTÉES
AU POIREAU ET AU FROMAGE PERSILLÉ

Pour 3 à 4 personnes
Préparation : 15 min
Cuisson : 30 min

240 g de ravioles du Dauphiné
1 blanc de poireau
80 g de Boursin®
(ou tout autre fromage frais à l'ail et aux fines herbes)
1 cuillerée à soupe d'huile d'olive
Sel et poivre

1. Émincez le blanc de poireau. Faites-le revenir 5 minutes à la poêle dans l'huile, puis ajoutez 15 cl d'eau. Salez et poivrez.

2. Couvrez et laissez cuire à feu moyen durant 20 minutes.

3. Au terme de la cuisson, lorsque le poireau est fondant, ajoutez le Boursin® et remuez.

4. Faites cuire les ravioles séparément, plaques par plaques. Plongez-les dans l'eau bouillante, détachez-les délicatement, prolongez la cuisson 10 secondes après qu'elles sont remontées à la surface.

5. Égouttez-les délicatement et mélangez-les aux poireaux.

CANNELLONIS
AUX BLETTES ET CRÉMEUX DE CURRY

Pour 6 personnes
Préparation : 20 min
Cuisson : 35 min

300 g de blettes
200 g de crémeux curry SOY®
6 feuilles de lasagnes
400 g de coulis de tomates
50 g de fromage râpé (facultatif)

1. Retirez la base des blettes pour détacher les côtes entre elles et lavez-les soigneusement. Émincez les feuilles et les côtes en lanière d'1 ou 2 cm.

2. Faites-les cuire 15 minutes dans l'eau bouillante ou à la vapeur.

3. Dans un saladier, mélangez les blettes égouttées et le crémeux curry.

4. Faites cuire chaque feuille de lasagnes une à une, pendant 3 minutes dans de l'eau bouillante. Posez-les sur un torchon propre.

5. Préchauffez le four à 180 °C (th. 6). Déposez une bonne cuillerée à soupe de farce sur un côté étroit du rectangle de pâte. Roulez les feuilles sur elles-mêmes pour former des cylindres. Posez-les dans un plat à gratin.

6. Versez le coulis de tomates sur les cannellonis puis le fromage râpé. Faites cuire 15 à 20 minutes.

RAVIOLIS
AUX CHAMPIGNONS ET AUX NOIX

Pour 2 personnes
Préparation : 30 min
Cuisson : 10 min

120 g de champignons de Paris hachés
40 g de comté râpé
30 g de noix
100 g de farine T65
1 œuf
1 échalote ciselée
1 cuillerée à soupe de persil haché

1. Faites suer les champignons et l'échalote 5 à 10 minutes à feu moyen dans une sauteuse avec un peu d'huile. Lorsque les champignons ont bien séché, ajoutez le persil, les noix et assaisonnez. Mixez la farce et incorporez le comté râpé.

2. Dans un saladier, faites un puits avec la farine. Déposez dedans l'œuf et mélangez pour obtenir une boule de pâte homogène et non collante. Si besoin, ajoutez une cuillerée à soupe d'eau.

3. Étalez la pâte très finement sur le plan de travail fariné, jusqu'à ce qu'elle soit légèrement translucide. Découpez des disques de 7 cm de diamètre.

4. Tamponnez les bords avec un essuie-tout humide. Garnissez le centre d'une cuillerée de farce et repliez les bords, pressez du bout des doigts pour les souder. Une fois les raviolis confectionnés, farinez-les pour éviter qu'ils ne se collent entre eux.

5. Faites cuire les raviolis 3 à 5 minutes dans l'eau bouillante salée. Égouttez-les et servez aussitôt.

ASTUCE

Pour la réalisation de pâtes fraîches, l'utilisation d'une machine à pâtes (laminoir) est très pratique, elle permet d'étaler la pâte très finement sans difficulté.

RAVIOLIS DE CHÂTAIGNE
AUX CÈPES ET MAGRET DE CANARD

Pour 2 personnes
Préparation : 50 min
Cuisson : 5 min

100 g de farine de blé
100 g de farine de châtaigne
2 œufs
200 g de cèpes
100 à 200 g de magret de canard séché
1 gousse d'ail
Persil
Sel et poivre

1. Nettoyez et émincez les champignons. Faites-les revenir quelques minutes dans un peu d'huile, avec la gousse d'ail écrasée et un peu de persil. Salez et poivrez. Incorporez le magret, coupé en petits morceaux.

2. Confectionnez une pâte homogène en pétrissant les deux farines, les œufs battus et 1 pincée de sel.

3. étalez la pâte finement au rouleau ou à l'aide d'une machine à pâte. Découpez des cercles à l'aide d'un verre ou d'un emporte-pièce.

4. Disposez des petits tas de farce au centre des disques, humidifiez les bords et repliez les raviolis en deux.

5. Faites cuire 4 à 5 minutes dans une grande casserole d'eau bouillante salée. Servez avec un filet de crème liquide.

CANNELLONIS
AU PORC ET À LA RICOTTA

Pour 8 cannellonis
Préparation : 20 min
Cuisson : 20 min

220 g de porc
100 g de ricotta
50 g de sauce tomate
50 g de gruyère râpé
8 feuilles de lasagnes
½ cuillerée à café
de paprika et de piment
Thym
Huile d'olive
Sel et poivre

1. Mixez finement la viande au robot ou faites-la hacher par votre charcutier.

2. Ajoutez la ricotta, la sauce tomate, les épices et une pincée de thym.

3. Assaisonnez, mixez ou malaxez vigoureusement pour bien mélanger.

4. Plongez les feuilles de lasagnes 1 à 2 minutes dans un grand volume d'eau bouillante salée. Sortez-les délicatement avec une écumoire et déposez-les sur un torchon propre. Laissez-les un peu refroidir.

5. Garnissez chaque feuille de lasagne d'une cuillerée à soupe de farce sur le plus petit côté. Enroulez les feuilles sur elles-mêmes pour former des cylindres garnis. Déposez-les au fur et à mesure dans un plat à gratin.

6. Préchauffez le four à 180 °C (th. 6). Arrosez les cannellonis d'un filet d'huile d'olive, parsemez de gruyère râpé et faites cuire 15 à 20 minutes.

7. Servez les cannellonis de porc à la ricotta accompagnés d'une sauce tomate au basilic.

LES LASAGNES ET GRATINS

LASAGNES
À LA BOLOGNAISE

Pour 4 personnes
Préparation : 30 min
Cuisson : 50 min

8 à 10 feuilles de lasagnes (selon les dimensions du plat)
350 g de bœuf haché
1 oignon
1 petite boîte de tomates pelées concassées
50 g de parmesan fraîchement râpé
50 g de farine
50 g de beurre
50 cl de lait
1 cuillerée à café de thym frais
2 cuillerées à soupe d'huile d'olive + un peu pour le plat
Sel et poivre

1. Préchauffez le four à 180 °C (th. 6).

2. Pelez et émincez finement l'oignon. Dans une sauteuse, faites-le revenir avec l'huile d'olive 3 minutes à feu doux.

3. Ajoutez la viande, les tomates pelées et le thym. Mélangez le tout et faites cuire 10 minutes à feu moyen.

4. Dans une casserole, faites fondre le beurre à feu doux. Ajoutez la farine et faites cuire 2 minutes sans cesser de remuer avec un fouet pour avoir un roux blanc. Versez le lait petit à petit et laissez épaissir la préparation tout en mélangeant régulièrement jusqu'à l'obtention d'une béchamel bien homogène. Salez et poivrez.

5. Huilez le fond d'un plat à gratin et recouvrez-le de feuilles de lasagnes. Alternez ensuite en couches successives viande hachée, béchamel et lasagnes jusqu'à l'épuisement des ingrédients, en terminant par une couche de lasagnes recouverte de béchamel. Saupoudrez de parmesan.

6. Enfournez et faites cuire 30 minutes.

GRATIN DE CROZETS,
FAÇON TARTIFLETTE

Pour 4 personnes
Préparation : 15 min
Cuisson : 25 min

400 g de crozets
240 g de reblochon
200 g de lardons fumés
1 oignon
10 cl de crème liquide
Poivre

1. Faites cuire les crozets 12 à 15 minutes dans une grande casserole d'eau bouillante non salée.

2. Faites préchauffer le four à 210 °C (th. 7).

3. Émincez l'oignon et faites-le revenir dans une poêle avec les lardons. Lorsqu'ils sont bien cuits, ajoutez la crème et coupez le feu au bout de 3 minutes.

4. Découpez de très fines tranches de reblochon. Réservez la quantité nécessaire pour recouvrir le plat et découpez le reste en petits dés, ajoutez-les aux lardons.

5. Lorsque les crozets sont cuits, égouttez-les puis ajoutez la crème aux lardons. Mélangez bien.

6. Versez dans un plat à gratin en recouvrant le tout de reblochon puis mettez au four 5 à 10 minutes pour faire gratiner.

LASAGNES
AUX AUBERGINES

Pour 4 personnes
Préparation : 30 min
Cuisson : 30 min

6 à 9 feuilles de lasagnes (selon les dimensions du plat)
2 aubergines
1 oignon
1 petite boîte de tomates pelées concassées
Feuilles de laurier
1 branche de thym
50 g de beurre
50 g de farine
50 cl de lait
50 g de gruyère râpé
Huile d'olive
Sel et poivre

1. Préchauffez le four à 180 °C (th. 6). Lavez les aubergines et coupez-les en fines lamelles à l'aide d'une mandoline.

2. Faites-les revenir dans une poêle avec un filet d'huile d'olive 3 minutes de chaque côté (ou cuisez-les 5 minutes à la vapeur).

3. Pelez et émincez l'oignon. Faites-le fondre dans une sauteuse avec un filet d'huile 3 minutes à feu doux. Ajoutez les tomates pelées, le thym et le laurier. Laissez cuire 10 minutes.

4. Dans une casserole, faites fondre le beurre à feu doux. Ajoutez la farine et laissez cuire 2 minutes sans cesser de remuer avec un fouet pour avoir un roux blanc. Versez le lait petit à petit et laissez épaissir la béchamel en mélangeant régulièrement. Salez et poivrez.

5. Recouvrez de béchamel le fond d'un plat à gratin puis déposez une couche de feuilles de lasagnes. Alternez ensuite en couches successives la sauce tomate, les aubergines, la béchamel et les lasagnes jusqu'à l'épuisement des ingrédients. Saupoudrez de gruyère râpé.

6. Enfournez et faites cuire 30 minutes.

LASAGNES
AU SAUMON ET AU BROCOLI

Pour 2 personnes
Préparation : 20 min
Cuisson : 55 min

6 feuilles de lasagnes
300 g de brocoli
200 g de saumon frais
25 g de beurre
25 g de farine T65
25 cl de lait
Gruyère râpé
Sel et poivre

1. Faites précuire le saumon à la vapeur ou à la poêle durant 5 minutes puis émiettez-le en petits morceaux.

2. Coupez le brocoli en petits fleurons et plongez-les dans une grande casserole d'eau bouillante salée. Laissez cuire 10 minutes.

3. Dans une petite casserole, faites fondre le beurre doucement. Incorporez la farine au fouet, mélangez bien et délayez progressivement avec le lait. Assaisonnez à votre goût.

4. Remuez sans arrêt durant 10 minutes environ, mélangez jusqu'à ce que la béchamel épaississe et laissez bouillir 2 minutes.

5. Nappez le fond d'un plat à gratin de béchamel puis couvrez d'une épaisseur de lasagnes. Superposez les épaisseurs de saumon, brocoli, béchamel et lasagnes, autant de fois que nécessaire. Nappez la dernière épaisseur de béchamel.

6. Parsemez de gruyère râpé et faites cuire les lasagnes au saumon et au brocoli 30 minutes à 180 °C (th. 6).

ASTUCE

Si vous devez tenir au chaud les lasagnes avant de servir, couvrez-les d'une feuille d'aluminium pour éviter qu'elles ne sèchent.

GRATIN DE MACARONIS
AUX POIREAUX

Pour 4 personnes
Préparation : 30 min
Cuisson : 30 min

250 g de macaronis
400 g de poireaux
55 g de parmesan
80 g d'emmental râpé
50 g de chapelure
Quelques brins de persil ciselés

Béchamel :
30 g de farine
30 g de beurre
50 cl de lait

1. Faites cuire les macaronis dans une casserole d'eau bouillante. Faites cuire 1 minute de moins que le temps indiqué sur le paquet et, dès la fin de cuisson, rincez les pâtes à l'eau froide pour stopper la cuisson. Puis égouttez-les.

2. Réalisez la béchamel : faites fondre le beurre dans une casserole à feu moyen. Ajoutez la farine et mélangez. Laissez cuire 1 à 2 minutes en remuant, puis ajoutez le lait progressivement pour qu'il n'y ait pas de grumeaux.

3. Nettoyez et émincez les poireaux en fines rondelles.

4. Mélangez les pâtes, la béchamel, les poireaux, l'emmental râpé, 30 g de parmesan et le persil. Versez dans un plat allant au four.

5. Saupoudrez de chapelure et du reste de parmesan.

6. Faites cuire 20 minutes à 220 °C (th. 7/8).

LASAGNES AU VEAU HACHÉ
ET AUX CHAMPIGNONS

Pour 6 personnes
Préparation : 20 min
Cuisson : 45 min

6 à 9 feuilles de lasagnes
350 g de veau haché
1 oignon émincé
400 g de tomates pelées et concassées
250 g de champignons de Paris, coupés en lamelles
2 feuilles de laurier
1 branche de thym
50 g de beurre
50 g de farine
½ litre de lait
Gruyère râpé

1. Faites revenir l'oignon émincé dans un filet d'huile. Ajoutez les champignons et laissez cuire 10 minutes pour qu'ils rendent leur eau.

2. Ajoutez la viande, les tomates, les herbes et laissez cuire 10 minutes.

3. Préparez une sauce Béchamel en faisant fondre le beurre dans une petite casserole. Ajoutez la farine et mélangez avec un fouet pour former un roux blanc. Délayez avec le lait petit à petit. Salez et poivrez. Laissez cuire une dizaine de minutes jusqu'à ce que la préparation épaississe.

4. Déposez une couche de lasagnes dans le fond du plat.

5. Alternez ensuite les couches de viande, béchamel et lasagnes jusqu'à l'épuisement des ingrédients.

6. Saupoudrez de gruyère râpé et faites cuire 30 minutes à 180 °C (th. 6).

LASAGNES
EXPRESS

Pour 1 à 2 personnes • Préparation : 15 min • Cuisson : 25 min

3 feuilles de lasagnes • 125 g de viande hachée • 3 tomates • 15 g de parmesan râpé • Sel poivre

1. Préchauffez le four à 180° C (th. 6), épépinez les tomates et coupez-les en dés.

2. Déposez-en au fond d'un plat à gratin, superposez avec une feuille de lasagnes.

3. Répartissez un peu de viande hachée, de dés de tomate, couvrez à nouveau d'une feuille de lasagnes et recommencez de nouveau l'opération.

4. Terminez par une feuille de lasagnes couverte de tomate et nappée de parmesan râpé.

5. Enfournez pour 25 minutes.

LASAGNES
À LA BETTERAVE

Pour 2 personnes • Préparation : 20 min • Cuisson : 25 min

4 à 6 feuilles de lasagnes • 1 betterave cuite • 150 g de viande de bœuf hachée • 25 cl de lait bio • 25 g de farine de blé T65 • 15 g de parmesan râpé • 25 g de beurre de baratte doux

1. Préparez la béchamel : dans une casserole, faites chauffer le beurre. Versez la farine et mélangez. Ajoutez le lait petit à petit en fouettant, montez à ébullition et portez hors du feu. Le mélange va épaissir. Assaisonnez.

2. Préchauffez le four à 180 °C (th. 6). Au fond d'un petit plat à gratin, déposez de fines tranches de betterave.

3. Recouvrez d'une feuille de lasagnes, puis à nouveau de betterave puis de viande hachée.

4. Nappez de béchamel, et recommencez l'opération jusqu'à l'épuisement des ingrédients.

5. Terminez par une feuille de lasagnes couverte de béchamel et saupoudrée de parmesan râpé.

6. Placez au four pour 25 minutes.

GRATIN DE CROZETS
AU CHÈVRE, CAROTTES ET COURGETTE

Pour 6 personnes
Préparation : 15 min
Cuisson : 35 min

300 g de petites pâtes type crozets
100 g de fromage de chèvre
40 g de fromage râpé
1 courgette (environ 100 g)
2 carottes (environ 100 g)
1 cuillerée à soupe de poudre de bouillon de légumes
40 g de farine
40 g de beurre
Sel et poivre

1. Faites cuire les pâtes dans un grand volume d'eau pendant 12 minutes en fonction des indications sur le paquet.

2. Pendant ce temps, préparez une sauce Béchamel : diluez le bouillon de légumes en poudre (ou en cube) dans 40 cl d'eau chaude.

3. Faites fondre le beurre dans une grande casserole, ajoutez la farine d'un coup et remuez vivement. Versez le bouillon petit à petit en remuant à l'aide d'une cuillère en bois. Faites épaissir à feu moyen et ajustez l'assaisonnement.

4. Râpez la courgette et les carottes.

5. Coupez le fromage de chèvre en cubes.

6. Quand les pâtes sont cuites, égouttez-les et mélangez-les avec la béchamel, les légumes râpés et les cubes de fromage de chèvre.

7. Préchauffez le four à 200 °C (th. 6/7). Huilez légèrement un plat à gratin et versez les pâtes.

8. Saupoudrez de fromage râpé et enfournez pour 20 minutes, jusqu'à ce que le fromage soit bien gratiné.

LASAGNES
AUX COURGETTES ET AU CHÈVRE

Pour 4 à 6 personnes
Préparation : 30 min
Cuisson : 20 min

6 à 8 feuilles de lasagnes
3 courgettes
2 petits crottins de chèvre
50 g de gruyère râpé
1 oignon
400 g de tomates pelées et concassées
2 cuillerées à soupe d'huile d'olive
Sel et poivre

1. Pelez et émincez finement l'oignon. Lavez et émincez les courgettes en fines rondelles. Faites chauffer l'huile dans une sauteuse et faites-y revenir les légumes. Salez et poivrez. Laissez cuire environ 15 minutes, jusqu'à ce qu'ils soient tendres.

2. Faites précuire les lasagnes dans une grande casserole d'eau bouillante salée, 3 à 5 minutes, jusqu'à ce qu'elles soient bien souples. Égouttez-les sur un torchon propre, sans les coller.

3. Dans un plat à gratin, déposez une couche de tomates puis déposez deux feuilles de lasagnes. Alternez ensuite les couches de courgettes, du fromage de chèvre émietté, tomates et lasagnes jusqu'à l'épuisement des ingrédients. Terminez par une couche de courgettes. Saupoudrez de gruyère râpé.

4. Faites cuire 15 à 20 minutes dans le four préchauffé à 180 °C (th. 6). Servez chaud.

ASTUCE

Évitez de faire encore bouillir la soupe après avoir ajouté les crevettes, sous peine de les voir se racornir.

LASAGNES,
FAÇON RACLETTE

Pour 4 personnes
Préparation : 20 min
Cuisson : 45 min

6 à 9 feuilles de lasagnes
200 g de raclette
5 tranches de jambon
1 tube de sauce tomate
50 g de beurre
50 g de farine
50 cl de lait
Sel et poivre

1. Dans une petite casserole, faites fondre le beurre doucement. Incorporez la farine au fouet, mélangez bien et délayez le mélange progressivement avec le lait. Assaisonnez à votre goût.

2. Remuez sans arrêt durant 10 minutes environ, mélangez jusqu'à ce que la béchamel épaississe et laissez bouillir 2 minutes.

3. Nappez le fond d'un plat à gratin de béchamel puis couvrez d'une épaisseur de lasagnes.

4. Superposez ensuite les différents ingrédients en couches, sauce tomate, jambon, raclette, béchamel et lasagnes, répétez autant de fois que nécessaire.

5. Terminez par des lamelles de fromage et faites cuire les lasagnes au jambon et raclette 30 minutes à 180 °C (th. 6).

ASTUCE

Si vous devez tenir au chaud les lasagnes avant de servir, couvrez-les d'une feuille d'aluminium pour éviter qu'elles ne sèchent.

GRATIN DE MACARONIS AU COMTÉ

Pour 2 personnes • Préparation : 10 min • Cuisson : 30 min

100 g de macaronis • 50 g de comté râpé • 10 g de farine • 10 g d'huile d'olive (ou de beurre) • 10 cl de lait • Sel et poivre

1. Plongez les macaronis dans un grand volume d'eau bouillante salée, remuez et laissez cuire environ 8 minutes (selon le temps indiqué sur le paquet pour une cuisson *al dente*).

2. Délayez la farine avec l'huile et le lait progressivement pour éviter les grumeaux. Portez ce mélange à ébullition en fouettant.

3. Mélangez les macaronis et la sauce avec le comté râpé.

4. Placez dans un plat à gratin, faites dorer 10 minutes dans le four à 180 °C (th. 6).

GRATIN DE COQUILLETTES AU FROMAGE

Pour 4 personnes • Préparation : 5 min • Cuisson : 30 min

250 g de coquillettes • 10 cl de lait • 10 cl de crème liquide • 120 g de fromage râpé (+ 20 g pour gratiner) • 25 g de parmesan • Sel et poivre

1. Préchauffez le four à 180 °C (th. 6). Plongez les pâtes dans une grande casserole d'eau bouillante salée et faites-les cuire selon le temps indiqué sur le paquet.

2. Mélangez le lait et la crème dans un bol. Salez et poivrez légèrement.

3. Égouttez les pâtes et remettez-les dans la casserole. Versez le mélange lait-crème et ajoutez les fromages. Mélangez bien.

4. Versez dans un plat à gratin de 18 ou 20 cm de diamètre. Saupoudrez éventuellement de fromage râpé.

5. Faites gratiner 15 à 20 minutes.

LASAGNES AU CHÈVRE, POIVRONS ET ÉPINARDS

Pour 2 personnes
Préparation : 25 min
Cuisson : 40 min

4 feuilles de lasagnes
100 g de fromage de chèvre frais
1 crottin de chèvre demi-sec
½ poivron jaune
½ poivron rouge
200 g environ d'épinards frais
1 oignon
25 g de farine
20 cl de lait
25 g de beurre

1. Réalisez une sauce Béchamel : faites fondre le beurre dans une casserole, puis ajoutez-y la farine en une seule fois, mélangez. Incorporez ensuite progressivement le lait en fouettant pour empêcher que des grumeaux ne se forment. Toujours sur le feu, amenez la béchamel à ébullition en fouettant continuellement. Ensuite, hors du feu, ajoutez-y le chèvre frais.

2. Faites chauffer une grande sauteuse et mettez-y les épinards frais. Couvrez 5 minutes à feu moyen et, lorsque les feuilles ont perdu tout leur volume, égouttez-les quelques instants dans une passoire.

3. Coupez les poivrons en lanières fines, ciselez finement l'oignon. Faites-les revenir durant 5 minutes à la poêle, à couvert.

4. Huilez très légèrement un petit plat à gratin. Répartissez une cuillerée de béchamel au fond du plat puis posez dessus une feuille de lasagnes. Couvrez ensuite celle-ci d'un quart de la béchamel, puis de poivrons, puis d'épinards. Recommencez l'opération jusqu'à l'épuisement des ingrédients. Finissez par une couche de béchamel couverte d'un crottin coupé en quatre tranches.

5. Enfournez pour 30 minutes à 180 °C (th. 6).

LASAGNES
AU CANARD

Pour 4 personnes
Préparation : 20 min
Cuisson : 35 min

6 feuilles de lasagnes
1 magret de canard
2 escalopes de poulet
40 g de gruyère râpé
1 blanc de poireau
1 carotte
4 tomates
1 oignon
1 cuillerée à café de cumin
10 cl de vin blanc
2 cuillerées à soupe d'huile d'olive
Sel et poivre

1. Préchauffez le four à 180 °C (th. 6).

2. Pelez et émincez l'oignon. Lavez et coupez le blanc de poireau en rondelles. Épluchez et râpez la carotte. Dans une sauteuse, faites fondre l'oignon, le poireau et la carotte dans l'huile d'olive. Salez et poivrez.

3. Mixez séparément le canard, le poulet et les tomates. Incorporez-les dans la sauteuse. Mélangez bien.

4. Ajoutez le vin blanc et le cumin. Laissez cuire 5 minutes à couvert et rectifiez l'assaisonnement. Séparez les morceaux de viandes avec une spatule.

5. Dans un plat carré de 20 x 20 cm (dimension d'une feuille de lasagnes), déposez 1 feuille de lasagnes puis alternez en couches successives la garniture et les lasagnes. Terminez par une couche de viande et saupoudrez de gruyère râpé.

6. Enfournez et laissez cuire 25 minutes.

LASAGNES
AU SAUMON FUMÉ ET ÉPINARDS

Pour 6 personnes
Préparation : 20 min
Cuisson : 45 min

9 à 12 feuilles de lasagnes
4 ou 5 tranches de saumon fumé
500 g d'épinards surgelés
400 g de tomates pelées et concassées
100 g de gruyère râpé
40 g de farine
½ l de lait demi-écrémé
50 g de beurre
Huile
Sel et poivre

1. Laissez décongeler les épinards dans une passoire pour égoutter le surplus d'eau. Faites-les revenir dans une poêle avec un filet d'huile.

2. Dans une casserole, faites fondre le beurre. Ajoutez la farine et laissez cuire 1 minute pour former un roux blanc, puis ajoutez peu à peu le lait en continuant de remuer. Laissez cuire jusqu'à l'épaississement de la béchamel. Salez légèrement et poivrez.

3. Préchauffez le four à 180 °C (th. 6). Dans un plat à gratin, répartissez 2 cuillerées de tomates pour éviter que les lasagnes n'accrochent, puis disposez une couche de lasagnes, une couche d'épinards, de saumon fumé, de tomates et de béchamel. Continuez jusqu'à l'épuisement des ingrédients.

4. Saupoudrez de gruyère râpé et faites cuire 30 à 40 minutes au four.

LASAGNES
AU POTIRON ET VIEUX PANÉ®

Pour 6 personnes
Préparation : 15 min
Cuisson : 30 min

9 feuilles de lasagnes
800 g de potiron
230 g de champignons
100 g de Vieux Pané®
400 g de tomates pelées et concassées
40 g de parmesan
50 g de farine
45 cl de lait
50 g de beurre
Sel et poivre

1. Pelez le potiron, coupez la chair en petits morceaux et faites-les cuire à la vapeur. (Si les tranches sont assez fines, vous pouvez ajouter le potiron cru dans vos lasagnes. Il cuira dans le four).

2. Préparez la béchamel : faites fondre le beurre dans une casserole en inox. Ajoutez peu à peu la farine, remuez bien et laissez cuire 1 minute pour former un roux blanc. Incorporez le lait peu à peu et laissez cuire à feu moyen pour épaissir la béchamel. Salez et poivrez.

3. Coupez le Vieux Pané® en fines tranches et préchauffez le four à 180 °C (th. 6).

4. Dans un plat à gratin d'environ 16 × 25 cm, versez un fond de béchamel. Déposez une couche de feuille de lasagnes, la moitié du potiron, des champignons, de la tomate et ⅓ de béchamel. Ajoutez une nouvelle couche de lasagnes, le reste du potiron, des champignons, de la tomate, le fromage et ⅓ de la béchamel. Terminez par une couche de feuilles de lasagnes, le restant de béchamel et le parmesan.

5. Faites cuire les lasagnes 30 minutes au four.

ASTUCE
N'hésitez pas à modifier la recette en fonction des restes de votre réfrigérateur ! Vous pouvez mettre n'importe quel fromage, et remplacer les champignons par un autre légume.

INDEX DES RECETTES

O

P

R

S

T

ÉQUIVALENCES

MESURES LIQUIDES

Système métrique	Système américain	Autre nom
5 ml	1 cuillère à thé (cuillère à café française)	
15 ml	1 cuillère à table (cuillère à soupe française)	
35 ml	1/8 cup (tasse française)	1 oz (ou once)
65 ml	1/4 cup ou 1/4 grand verre	2 oz
125 ml	1/2 cup ou 1/2 grand verre	4 oz
250 ml	1 cup ou 1 grand verre	8 oz
500 ml	2 cups ou 1 pinte	
1 litre	4 cups ou 2 pintes	

MESURES SOLIDES

Système métrique	Système américain	Autre nom
30 g	1/16 lbs	1 oz
55 g	1/8 lbs	2 oz
115 g	1/4 lbs	4 oz
170 g	3/8 lbs	6 oz
225 g	1/2 lbs	8 oz
454 g	1 livre	16 oz

CHALEUR DU FOUR

Chaleur	° Celsius	Thermostat	° Fahrenheit
Très doux	70 °C	Th. 2-3	150 °F
Doux	100 °C	Th. 3-4	200 °F
	120 °C	Th. 4	250 °F
Moyen	150 °C	Th. 5	300 °F
	180 °C	Th. 6	350 °F
Chaud	200 °C	Th. 6-7	400 °F
	230 °C	Th. 7-8	450 °F
Très chaud	260 °C	Th. 8-9	500 °F

Toutes les recettes de ce livre sont tirées de : *Pasta* (Marie-Laure Tombini), parus aux Éditions Mango.

Photographies : Marie-Laure Tombini

Photo de couverture : Claire Payen
Stylisme de couverture : Delphine Lebrun

Direction : Guillaume Pô
Direction éditoriale : Tatiana Delesalle
Édition : Ophélie Candille assistée d'Emma Lombois
Direction artistique : Sylvaine Beck
Création graphique : Ambrine Angaud
Mise en pages : Patrick Leleux PAO
Direction de fabrication : Thierry Dubus
Suivi de fabrication : Audrey Bord
1re édition - N° d'édition : M22018
ISBN : 9782317030307
Code MDS : MN30307

MIXTE
Papier issu de sources responsables
FSC® C106600

Ce livre s'inscrit dans une démarche écoresponsable. Il est imprimé sur du papier FSC® issu de forêts gérées durablement. Cette certification garantit une empreinte carbone réduite et une gestion raisonnée de la forêt, qui maintient la biodiversité et protège les écosystèmes. Il est imprimé avec des encres végétales, c'est-à-dire fabriquées uniquement à partir de matières premières renouvelables et sans huiles minérales. Il a été imaginé et conçu en France, et imprimé en Europe.

Achevé d'imprimer avril 2022
chez DZS en Slovénie

Dépôt légal : août 2022
www.mangoeditions.com

Retrouvez-nous sur Instagram : @mangoeditions

DANS LA MÊME COLLECTION